中学英语教学的
核心理论与实践技能

易春燕　著

全书数字资源

北　京
冶　金　工　业　出　版　社
2025

内 容 提 要

本书立足于培养适应新时代需求的师范人才，从价值引领、核心理论与实践技能三个方面系统阐述了中学英语教学的关键内容。书中围绕师德与优秀英语教师的品质、广西边疆地区英语教育的责任与挑战、英语教学中的德育等，突出新时代英语师范生教育的价值导向；以新的英语课程标准、语言观与语言学习观及语言教学流派为核心，构建理论框架；同时，从教材解析到教学设计再到课堂管理，详解英语教学中的实践技能。全书内容结构清晰、理论与实践并重，力争为中学英语教学提供系统而实用的指导。

本书可供高等院校英语专业师范生阅读和使用，也可供中学英语教师参考。

图书在版编目（CIP）数据

中学英语教学的核心理论与实践技能 / 易春燕著. 北京：冶金工业出版社，2025. 5. -- ISBN 978-7-5240-0160-7

Ⅰ. G633.412

中国国家版本馆 CIP 数据核字第 20255YW106 号

中学英语教学的核心理论与实践技能

出版发行	冶金工业出版社	**电　　话**	(010)64027926
地　　址	北京市东城区嵩祝院北巷 39 号	**邮　　编**	100009
网　　址	www. mip1953. com	**电子信箱**	service@ mip1953. com

责任编辑　王　颖　美术编辑　彭子赫　版式设计　郑小利

责任校对　梁江凤　责任印制　窦　唯

北京富资园科技发展有限公司印刷

2025 年 5 月第 1 版，2025 年 5 月第 1 次印刷

710mm×1000mm　1/16；11 印张；215 千字；166 页

定价 99. 00 元

投稿电话　(010)64027932　投稿信箱　tougao@cnmip. com. cn

营销中心电话　(010)64044283

冶金工业出版社天猫旗舰店　yjgycbs. tmall. com

（本书如有印装质量问题，本社营销中心负责退换）

前　言

随着新时代教育强国战略的深入推进，培养适应基础教育需要的高素质师资成为教育事业发展的重要使命。广西壮族自治区（以下简称广西）作为中国边疆地区的重要组成部分，其英语教育面临着独特的责任与挑战。一方面，作为多民族聚居区，广西的英语教育肩负着提高基础教育质量、缩小城乡教育差距、促进教育公平的时代责任；另一方面，边疆地区面临英语教育资源匮乏、师资力量薄弱、教学环境复杂等问题，亟待通过师范教育的改革与创新予以解决。在这一背景下，本书应运而生，旨在为广西乃至全国其他地区培养适应新时代需求的中学英语师资提供一定的理论指导与实践支持。

本书以“价值引领、理论武装、实践提升”为主线，全面阐述了中学英语教学的关键内容与教育理念，既关注英语教学的教育价值，又紧扣教学实践的核心要义。全书内容分引领篇、理论篇和技能篇三篇：第一篇引领篇从师德培养、优秀英语教师的品质、英语教学中的德育及边疆地区英语教育的使命与挑战出发，探讨新时代英语教师的职业价值观；第二篇理论篇结合最新英语课程标准及语言观、语言学习观和英语教学法流派等核心理论，为师范生提供理论支撑；第三篇技能篇聚焦实践技能，详细讲解了中学英语教材解析、教学目标与重难点设计、英语语言知识和语言技能教学过程与设计、课堂教学组织与管理等内容。通过理论与实践的有机结合，本书力求为师范生及中学英语教师提供系统性、针对性和实用性的指导。

本书由长期从事广西边疆地区英语专业师范生教育研究与教学实践的高校教师精心撰写。作者结合自身的实践经验，深入研究广西边疆地区英语教育的现状与需求，力求全面展现新时代英语教育的责任担当与本土特色。全书内容结构严谨、语言表达深入浅出，既可供高等院校英语专业师范生学习，也可供中学英语教师参考。希望本书的出版能够为师范教育的改革和中学英语教学实践注入新的活力，为新时代基础教育的高质量发展贡献绵薄之力。

本书的编写和出版得到了广西民族师范学院“广西学位与研究生教育专项基金”的资助。

本书在撰写过程中，参考和借鉴了国内外诸多相关文献资料，在此向文献作者表示由衷的感谢！

由于作者水平所限，书中不妥之处，敬请广大读者批评指正。

易春燕

2025 年 1 月

目　录

引 领 篇

技 能 篇

引领篇

1 师德与优秀英语教师的品质

1.1 师德：中学英语教师的核心素养

师德是教师职业道德的核心，涵盖责任感、奉献精神、职业操守、爱生如子等多个方面。对于中学英语教师而言，师德还体现为对英语教育事业的热爱、对学生全面发展的关注以及对教育公平的坚持。这种师德不仅是一种职业要求，更是一种内在驱动力，促使教师在教学实践中体现出高度的责任心和专业精神。

1.1.1 师德在教育中的核心作用

随着社会的快速发展和教育改革的深入推进，师德在教育中的核心作用日益凸显。在新时代背景下，教师不仅是知识的传播者，更是学生品德培养和人格塑造的引路人。

教师作为学生成长过程中的重要他人，其行为和品德无形中为学生树立了榜样。良好的师德师风能够通过潜移默化的影响，引导学生形成正确的价值观和道德观，培养良好的行为习惯。教师的言行举止是学生学习的“镜子”，其示范作用对于学生的品德养成具有深远的意义。

此外，高尚的师德激励教师不断钻研业务、精进教学技能，从而全面提升教学质量。教师的敬业精神和责任意识不仅能够优化课堂教学，还直接影响学生的学习效果和学习体验。在师德的激励下，教师更能专注于为学生提供优质的教育服务，助力学生的全面发展。

具有良好师德的教师更容易与学生、同事以及家长建立融洽的关系，共同构建和谐、稳定的教育环境。这样的环境不仅有助于学生的身心健康和全面发展，也为教育教学活动的高效开展提供了有力保障。和谐的教育氛围是学生健康成长的重要基础。

教师作为教育事业的中坚力量，其师德水平直接关系到教育行业的社会形象和发展前景。高尚的师德不仅能够提升教育行业的整体声誉，还能为教育事业注入正能量，推动其健康持续发展。尤其在边疆地区，教师更需肩负起缩小城乡教育差距、促进教育公平的使命，通过教学传递团结共融的价值观，助力社会和谐发展。

师德是教师职业的灵魂，是教育发展的基石。新时代对师德的要求不仅是对教师个人素质的期许，更是对教育事业持续进步的深切期待。

1.1.2 师德在英语教学中的特殊意义

在我国，英语作为一门外语，它不仅是学习的对象，也是连接我国与世界的文化桥梁和沟通纽带。因此，在英语教学过程中，教师的师德表现显得尤为重要。师德在英语教学中的特殊意义不仅体现在促进学生英语学习、激发学生学习兴趣上，还体现在培养学生的跨文化交际能力和塑造人格魅力上。

在英语教学中，教师的言行举止都是学生模仿的对象。具有良好师德的教师会以身作则，使用规范、得体的语言，这不仅有助于学生形成正确的语言习惯，提高英语学习的效果，而且还能激发学生的学习兴趣和动力。一个富有爱心、耐心和责任心的教师能够激发学生的学习兴趣和动力，使学生更加积极地投入英语学习中。这样的教师通过自己的专业素养和热情，能够营造出一个鼓励探索和积极学习的环境，这对于学生的语言习得和文化理解至关重要。

此外，英语不仅是交际的工具，更是文化的载体。在英语教学中，教师不仅要传授语言知识，更要培养学生的跨文化交际能力。具有良好师德的教师会尊重不同文化的差异，引导学生形成开放、包容的跨文化态度和价值观，帮助学生成为具有全球视野的公民。在全球化的背景下，这种能力尤为重要，因为它不仅能够帮助学生在国际舞台上更好地沟通和协作，还能够促进不同文化之间的相互理解和尊重。

同时，教师的人格魅力是吸引学生、影响学生的重要因素之一。在英语教学中，教师的人格魅力往往通过其师德表现得以展现。一个富有爱心、责任感、正义感的教师更容易赢得学生的尊重和信任，从而在学生心目中树立起崇高的形象。这种形象不仅能够增强学生的学习动力，还能对学生的人格发展产生积极影响。教师的这种影响力是深远的，它超越了语言学习的范畴，触及学生的个性发展和社会适应能力的培养。

1.2　优秀英语教师的品质

视频 1

在新时代背景下，教育承载着培养全面发展人才的重要使命，而英语教师在这一过程中不仅是知识的传授者，更是学生成长道路上的引路人和坚定的支持者。尤其是在边疆民族地区，教育既面临独特的机遇，也需要克服诸多挑战。在这样的环境中，一名优秀的英语教师必须具备高尚的师德、精通教学之道、善于育人之术，并能不断学习与成长。

1.2.1　践行师德

一名优秀的英语教师应以高尚的师德为基础，将教书育人作为毕生追求。在师德规范方面，教师要热爱祖国，维护民族团结，深刻理解并认同习近平新时代中国特色社会主义思想和社会主义核心价值观。这不仅是教师思想上的指引，更是行为上的准则。一名优秀的教师应具有坚定的职业信念和良好的师德修养，贯彻党的教育方针，严格遵守中小学教师职业道德规范，自觉依法依规执教，以高标准要求自己，努力践行“立德树人”的根本任务。作为教育工作者，应立志成为具有“理想信念、道德情操、扎实学识、仁爱之心”的“四有”好老师，为学生树立榜样。

在教育情怀方面，优秀的英语教师需要展现对边疆民族地区教育事业的热爱与关注。他们不仅要关注学生的英语学习，还应肩负起帮助学生人格成长的责任。教师应以高度的责任感投入教学工作，同时怀有为民族地区英语教育事业贡献力量的使命感。在实际教学中，教师要关注当地民族文化的传承与发展，深刻认识文化认同感对学生成长的重要意义。

优秀的英语教师还需要善于将民族文化与英语教学相结合，使学生在学习英语的同时，感受到民族文化的魅力和价值。例如，教师可以通过将民族文化的故事、传统节日或民间艺术融入课堂内容，激发学生的学习兴趣，同时帮助他们增强文化自信和自豪感。通过这样的方式，教师不仅能够促进民族地区文化的繁荣与发展，还能为学生开拓国际视野，培养其文化包容力和跨文化沟通能力。

践行师德不仅体现在对教师职业规范的遵守上，也体现在对教育事业的热情和对学生发展的深切关怀上。一名优秀的英语教师应以高尚的职业道德、深厚的教育情怀和积极的实践行动推动民族地区的教育发展，为学生的未来和社会的进步贡献力量。

1.2.2　学会教学

一名优秀的英语教师是学科素养与教学能力的有机结合体。

首先，一名优秀的英语教师需要具备扎实的学科素养。这不仅意味着教师要掌握英语语言文学的基础知识、理论和技能，还要具备广博的人文与科学素养。优秀的英语教师应深入理解英语学科与生活及其他学科的联系，认识到英语学科核心素养对于学生终身发展的重要意义。在跨学科背景下，他们需要能够灵活运用英语学科知识，结合其他学科的理论与方法，解决实际问题，推动学科间的融合与创新。

其次，优秀的英语教师应对中学英语课程标准有全面而深入的了解。他们需要熟悉中学生的身心发展特点和认知规律，尤其是英语学习过程中可能遇到的挑战与需求。在教学方面，教师需要具备扎实的基本功，能够将英语学科知识与现代信息技术相结合，设计、实施并评价教学活动，以达到最佳教学效果。此外，他们还应善于从教学实践中总结经验，不断反思和改进教学方法，逐步提升自己的教学与研究能力。

最后，仅仅具备学科素养并不足以成就一名优秀的英语教师，教学能力是不可或缺的另一个关键要素。一名真正优秀的英语教师应能够将深厚的学科素养转化为教学实践，通过有效的课堂设计和引导，让学生在学习过程中感受到英语学科的魅力与价值。通过这样的教学过程，学生不仅能掌握语言知识，更能提升综合素养，培养批判性思维、跨文化沟通能力等核心技能。

一名优秀的英语教师以丰富的专业知识为基石，以灵活的教学能力为桥梁，最终实现培养学生综合素质和终身学习能力的目标。这种教师不仅是学术的传播者，更是学生成长道路上的引路人。

1.2.3　学会育人

一名优秀的英语教师不仅要具备扎实的学科知识与教学能力，还需要拥有卓越的班级管理能力和综合育人意识。

第一，教师应树立“德育为先”的教育理念，掌握中学生学习心理和心理辅导的基础知识，深入理解中学德育工作的基本原理与方法。这种能力不仅体现在理论的掌握上，更体现在实践中的灵活运用，能够有效开展班级的日常管理工作。通过科学的方法与策略，教师可以构建良好的班级文化氛围，从而促进学生的全面发展。优秀的英语教师还应具备实施德育和心理健康教育的能力。他们应能够结合实际运用中学德育的原理与方法，通过潜移默化的方式开展德育教育，同时关注学生的心理健康，提供及时有效的心理辅导支持。在此过程中，教师不仅帮助学生解决成长中的问题，也获得了宝贵的德育和心理健康教育经验，进一步增强自身的育人能力。

第二，优秀的英语教师需要树立“全程育人”和“全方位育人”的教育观念。尤其在民族地区和边疆地区，教师需了解当地学生的身心发展特点及养成教育规律，以尊重和包容的态度开展教育工作。英语学科在育人中有其独特的价值，教师应善于将育人理念融入英语教学中，使课堂成为传递知识与培养品格的双重阵地。例如，通过英语教学材料引导学生理解和认同多元文化，培养他们的国际视野和家国情怀。同时，教师还需要熟悉学校文化建设和教育活动的内涵与方法，能够整合区域民族文化、边疆文化、红色文化等多样化的教育资源，创造性地开展主题教育和社团活动。通过这些活动，教师不仅能增强学生的文化自信，还能激发学生的学习兴趣与社会责任感，进一步实现育人的目标。

班级管理和综合育人能力是优秀英语教师的重要标志。这种能力不仅体现在教师管理班级和学生的日常工作中，也体现在他们对学生身心发展的深刻理解与引领之中。通过全程、全方位的教育实践，教师将学科教育与育人目标有机结合，引导学生成长为具有良好道德品质和社会责任感的全面发展的人才。

1.2.4　学会发展

视频 2

一名优秀的英语教师还应具备学会反思和沟通合作的能力，这两者是教师持续成长和教学成效提升的重要基础。

优秀的英语教师应树立终身学习与专业发展的意识。他们需要密切关注国内外基础教育改革的发展动态，尤其是民族地区基础教育的现状和未来趋势，以便顺应时代的要求，不断更新教育理念与教学方法。通过自主学习，教师能够掌握新知识、新技能，持续提升自身的专业水平，同时能够对自己的职业生涯进行合理规划，明确发展方向与目标，为教育教学实践注入活力。反思是教师成长的重要驱动力。一名优秀的英语教师需要具备强烈的反思意识和系统的反思技能，能够在教学过程中对自己的实践进行深刻审视，通过分析教学效果、学生反应及课堂管理中的问题，发现不足并进行改进。此外，教育创新意识也是不可或缺的能力。教师应具备运用批判性思维分析教育现象的能力，能够以创新的视角提出解决教育教学实际问题的新方法，不断提升教学效率与质量。

在此基础上，沟通与合作能力同样是优秀英语教师不可或缺的素质。现代教育倡导“学习共同体”的理念，强调通过合作实现资源共享和共同进步。教师需要深刻理解这一理念，培养团队协作精神，善于指导和组织学生开展小组互助学习、合作探究或社团活动。这不仅能提升学生的团队意识与合作能力，也为教师积累了宝贵的教育实践经验。此外，教师还需要掌握有效的沟通与协作技能。在教育教学过程中，能够与学生建立亲和的师生关系，倾听学生的需求与想法，帮助他们克服学习中的困难；与同事之间互相配合，交流经验，共同探索教育改革和创新的可能性；与家长保持良好的互动，共同支持学生的成长与发展。通过多层次的沟通与合作，教师可以充分调动各种教育资源，为学生的全面发展创造更有利的条件。

反思与沟通合作能力是教师自我发展与教学实践的重要保障。通过不断学习、反思与创新，教师不仅能够实现个人的成长与职业发展，还能够为学生创造一个充满活力与支持的学习环境，真正践行教育的核心使命。

成为一名优秀的英语教师不仅需要以高尚的师德为根基，践行教育的初心与使命，更需结合区域实际，不断提升自身的专业素养与能力。优秀的英语教师需要做到学会教学，以扎实的学科知识和创新的教学方法满足学生多样化的学习需求；学会育人，将育人理念融入教学实践，关注学生的综合素质发展与人格成长；更需要学会发展，通过反思与学习实现自我提升，适应教育改革与发展的新要求。只有通过多维度的努力与提升，英语教师才能更好地服务于边疆民族地区学生的成长，助力文化传承与教育发展，推动教育事业实现持续创新与进步。

2 广西边疆地区英语教育的特殊性、责任与挑战

2.1 广西边疆地区英语教育的特殊性

广西壮族自治区（以下简称广西）作为我国南部边疆地区的一个重要组成部分，因其独特的地理位置、民族构成及社会经济状况，使得英语教育在这一地区具有显著的特殊性。

2.1.1 地理环境限制与资源分配不均

广西边疆地区地形复杂，多山地和丘陵，导致教育资源的分布极不均衡。一些偏远山区因交通不便，学校建设和教育资源配置存在较大困难。在这样的背景下，英语教育作为一门需要长期积累和系统学习的学科，尤其容易受到资源不足的影响。例如，偏远学校普遍缺乏专业英语教师、标准化教材和现代化教学设备。此外，山区学校的基础设施有限，教学条件无法与城镇学校相比，学生的学习环境也难以达到支持高效语言学习的水平。更重要的是，这种教育资源的不均衡进一步扩大了城乡间的英语教育差距。城市地区的学生可以利用丰富的课内外资源接触英语，包括在线学习平台、语言角活动和英语演讲比赛等，而偏远山区的学生却因为教育资源匮乏，往往只能满足于基础的课堂学习。这种地理上的劣势使边疆地区的学生在英语学习上处于起点低、积累慢的境地，难以获得与城市学生相当的学习机会和成长空间。

2.1.2 民族文化多样性与语言环境的影响

广西作为少数民族聚居地，是壮族、苗族、瑶族、侗族等 37 个少数民族共同生活的家园。这些民族在语言、文化、风俗习惯等方面呈现出丰富的多样性。这种多元文化和多语环境既为教育提供了潜在的资源优势，也带来了诸多实际挑战，尤其是在英语教育的推广和实施过程中。

多语环境本身具有促进语言学习的潜力。在广西的许多少数民族地区，学生

日常生活中需同时掌握民族语言、普通话，甚至与越南接壤地区的越南语方言。这样的多语言环境为语言学习提供了天然的基础，理论上有助于学生在掌握英语时更加敏锐地感知语言的差异和规律。然而，这一潜力在实践中并未得到充分发挥：一方面，由于英语学习资源有限，学生接触英语的机会较少，学习途径也较为单一；另一方面，学生对英语学习的兴趣普遍较低，这进一步削弱了多语环境所带来的潜在优势。此外，英语在这些地区的教学往往缺乏与本地文化和语言背景相适配的教学策略，使得学生在学习时难以将英语融入其已有的语言框架中。

与此同时，多语环境的另一面是学生在语言转换上的负担。少数民族学生在日常交流中需要频繁在民族语言和普通话之间切换，这本身已经耗费了大量的语言学习精力。他们的语言学习时间和资源大部分被民族语言和普通话占据，使得对英语的投入相对不足。加之英语作为外语，与日常生活的实际需求关联较弱，这种语言转换的负担进一步挤压了英语学习的时间和动力。

因此，广西边疆地区的多语环境在英语教育中是一把“双刃剑”：一方面，它提供了语言学习的独特条件；另一方面，它也带来了语言切换的负担和教育资源的不均。如何将这种多样性转化为学生英语学习的动力，充分利用多语环境的优势，是这一地区英语教育面临的重要课题。

2.1.3 经济发展水平滞后与教育投入不足

广西边疆地区的经济发展水平相较于东部沿海地区相对滞后，这种经济上的劣势直接影响了教育经费的投入，制约了学校基础设施的建设和教学资源的优化配置。硬件设施薄弱、教师数量不足以及英语师资力量匮乏，成为当地英语教育面临的主要困境。

第一，教师的质量与数量问题尤为突出。由于经济条件限制，边疆地区难以吸引高素质的英语教师，而现有的英语教师在专业能力上普遍存在不足。他们中的许多人缺乏系统的英语教学训练，对现代教学理念和方法的掌握有限。在这种情况下，教学质量难以得到保障，进一步削弱了学生的英语学习效果。此外，由于英语教学在广西边疆地区起步较晚，许多教师在教学经验和教学方法上仍处于探索阶段，教育质量提升的步伐相对缓慢。

第二，学习资源的短缺进一步加剧了英语教育的困境。课外学习资源的匮乏，诸如图书馆藏书不足、在线学习平台利用率低，直接限制了学生的英语知识获取渠道。许多学校因经费不足，无法配备现代化的教学设备，如多媒体教室、语言实验室等，这使得英语学习的环境和条件难以满足现代教育的要求。

这一系列问题形成了一个恶性循环：经济条件滞后导致教育投入不足，而教育资源的匮乏又限制了学生的英语学习能力，进而影响了地方整体教育水平的提升和长期经济发展的潜力。因此，解决广西边疆地区英语教育的困境，必须从经济和教育投入两方面着手，推动更多资源向边疆地区倾斜，为英语教育的发展创造更加有利的条件。

2.1.4　英语学习的重要性认知不足

在广西边疆地区，无论是地方政府还是家庭，对于英语学习的重要性普遍缺乏足够的认识，尤其是对英语在文化交流、全球化适应等非功能性作用方面的价值认知仍未全面普及。这种观念上的局限在一定程度上削弱了英语教育的发展动力和支持力度。

在偏远地区，受经济条件制约和传统教育观念影响，英语常被视为“无关生计”的学科。由于英语与日常生活的关联度较低，很多家庭认为学习英语对学生的现实收益有限，优先选择将有限的时间和资源投入与生产、生活更紧密相关的领域，如数学、语文等科目。这种“实用性优先”的短视教育观念，使得英语学习缺乏家庭和社会的有力支持。政府和教育部门对英语学习的政策支持力度也受到这种观念的影响。在地方教育资源本就有限的情况下，英语教育常被排在优先级较低的位置，难以获得足够的资金和政策倾斜。师资力量的匮乏、教学条件的落后，都与政策和资源分配上的低优先级密切相关。

此外，这种重视程度的不足也对学生的学习动力产生了消极影响。在家庭和社会缺乏对英语学习的积极引导的情况下，学生对英语的兴趣和信心难以培养，进一步削弱了学习效果。

2.1.5　教育公平与民族文化传承的平衡

广西边疆地区教育的多元化特性决定了英语教育必须在实现教育公平的同时兼顾民族文化的传承。这种双重目标不仅是对英语教学模式的挑战，也是对教育资源配置与课程设计的深刻考验。

广西作为多民族聚居地，各少数民族在语言、文化和风俗习惯上具有显著差异性。教育在促进民族团结和文化传承中的作用尤为重要。因此，英语教育需要在尊重并融入民族文化特色的基础上，探索适应多元文化背景的教学方法。这种文化与教育的融合，不仅能够满足少数民族学生的实际需求，也能增强他们对英语学习的认同感和兴趣。

然而，在实践中，如何平衡普通话、民族语言和英语之间的教学资源分配是一个巨大挑战。普通话作为国家通用语言，民族语言作为文化传承的载体，二者在教学中已经占据了重要地位。而在此基础上融入英语教学，则需要更高水平的教育资源和师资能力支持，包括制订适应性强的教学计划、提供多样化的教学资源以及培训能够兼顾多语教育的教师队伍。

目前，全国统一的英语教材较少考虑广西边疆地区的文化背景和少数民族学生的实际需求，导致教材的本土适配性不足。这些教材内容更多偏向城市学生的语言学习环境，而对边疆地区少数民族学生的学习特点关注较少。例如，教材中的文化元素可能与少数民族学生的生活实际脱节，削弱了学习的亲切感和应用性。

2.1.6　国际化需求的迫切性

广西地处中国-东盟自由贸易区的核心地带，与东盟国家接壤，作为“一带一路”倡议中的重要区域，承载着促进国际交流与区域合作的重任。在这一背景下，英语作为国际交流的通用语言，其教育价值和战略意义尤为重要。然而，广西边疆地区的英语教育发展水平与其承担的国际化使命之间仍然存在显著差距，亟须更多政策支持与资源倾斜来应对这一挑战。

作为我国面向东盟的重要窗口，广西在跨境经济、文化交流和国际合作中扮演着桥梁角色。从国际贸易到旅游业，从跨境电商到国际会议，英语的应用场景日益广泛，对英语能力的需求也越加迫切。然而，目前广西边疆地区的英语教育整体发展滞后，尤其是在偏远地区，英语师资力量、教学设备和课程内容都未能达到服务国际化需求的水平。这种教育上的滞后性不仅限制了当地学生适应全球化的能力，也在一定程度上削弱了广西在国际舞台上的竞争力。

2.2 广西边疆地区英语教育的责任与挑战

广西边疆地区的英语教育在其特殊的地理位置、民族文化背景和社会经济条件下，承担着多重责任，同时也面临诸多挑战。

2.2.1 广西边疆地区英语教育的责任

广西作为中国-东盟自由贸易区的核心区域和“一带一路”倡议中的重要节点，其英语教育承担着多重战略责任，既要服务国家和区域发展大局，也需推动地方社会进步和经济繁荣。

首先，广西英语教育的首要责任是服务国家战略与区域合作。在推动“一带一路”倡议和中国-东盟自由贸易区建设的过程中，广西处于连接国内与国际的桥梁地位。英语作为国际交流的核心工具，其教育目标在于培养具有国际视野和跨文化交流能力的人才，帮助广西更好地参与国际舞台，助力区域经济合作与文化交流。

其次，英语教育需要致力于促进教育公平与社会进步。作为少数民族聚居地和经济欠发达地区，广西边疆地区的英语教育水平与发达地区存在较大差距。通过政策支持和资源倾斜，为城乡学生提供公平的英语学习机会，不仅可以缩小区域教育差距，还能提升整体社会的教育水平，助力社会全面进步。此外，广西的英语教育还承担着推动民族文化传承与国际化融合的双重使命。在一个多民族、多文化共存的地区，英语教育不仅要帮助学生掌握全球化背景下的语言工具，还需探索适应多元文化背景的教学模式。在提升学生英语能力的同时，注重将民族文化融入教学，培养既能传播民族文化又具备国际沟通能力的复合型人才。

最后，英语教育在广西的经济发展中扮演着不可忽视的角色。随着跨境贸易、旅游业和现代服务业的快速发展，当地对具备英语应用能力的人才需求越发强烈。英语教育因此肩负起培养实践型、应用型人才的责任，为广西经济转型和产业升级提供强大的人力支持。

广西边疆地区英语教育的责任既包含服务国际战略和区域发展的大目标，也涉及教育公平、文化传承和经济发展的多重层面。这种责任的全面性与复杂性要求英语教育在广西具备更高的适应性和执行力，为地方发展与全球化接轨注入新的动力。

2.2.2 广西边疆地区英语教育的挑战

广西边疆地区英语教育面临着多方面的挑战，这些问题既受地理和资源条件的制约，也反映了教育理念和教学实践上的不足，对英语教育的全面发展产生了深远影响。

第一，教育资源分布不均的问题尤为突出。由于地形复杂、交通不便，偏远地区的学校在硬件设施、师资力量和教学资源上与城市学校存在显著差距。这种资源分配的不平衡限制了英语教育的覆盖面和整体发展，使得许多学生在起跑线上就面临不平等的学习条件。

第二，多语言环境的复杂性进一步增加了英语教学的难度。尽管广西的多语言环境理论上有助于语言学习，但在实践中，学生需要在民族语言与普通话之间频繁切换，这已耗费了大量的学习精力，导致对英语的投入不足。如何将英语学习与多语环境有机结合，尚未有成熟的教学策略，这对教师和学生都是一大挑战。

第三，师资力量的薄弱同样制约了英语教育的发展。英语教师数量不足，尤其是偏远地区的教师普遍缺乏现代英语教学理念与技能，教学质量参差不齐。这直接影响了学生语言能力的提升，进一步拉大了城乡教育差距。

第四，学生学习兴趣和动力不足也是英语教育推广中的一大难题。由于经济条件的限制和观念上的滞后，许多学生及其家庭对英语学习的重视程度不高，将其视为“无关生计”的科目。这种态度降低了学生的学习热情，也阻碍了英语教育的深入推进。

第五，教材与课程的本地适配性问题同样不可忽视。目前，全国统一的英语教材较少考虑广西边疆地区的文化背景和学生需求，与地方实际脱节。课程设计缺乏针对性，不仅削弱了学生对英语学习的兴趣，也降低了其对教材内容的理解力和认同感。

第六，广西的国际化需求与英语教育水平之间的矛盾日益凸显。作为区域国际合作的重要枢纽，广西对英语能力的需求迫切。然而，当前的英语教育水平远远不能满足国际化的要求。这一矛盾亟须通过政策调整、资源倾斜和教学改革加以解决。

广西边疆地区英语教育的挑战贯穿于资源、环境、师资、学生兴趣和国际化需求等多个方面。这些问题相互交织，既反映了教育发展的短板，也为未来的政策规划和实践创新指明了方向。通过系统性改革和多方协作，这些挑战有望逐步被克服，从而推动广西英语教育的全面提升。

2.3 “学高为师，身正为范”的边疆地区的英语教师

在广西边疆地区，英语教师不仅是知识的传播者，更是学生成长的引路人、民族文化的守护者和社会发展的推动者。要成为“学高为师，身正为范”的优秀教师需要不断提升学识与品格，践行教育公平与文化传承的使命，肩负起服务国家战略与区域发展的责任。

2.3.1 弘扬师德师风，做学生榜样

在边疆地区的英语教学中，教师不仅是知识的传播者，更是学生成长中的重要引路人。要成为学生的榜样，英语教师需要以高尚的职业道德和责任感践行教育使命。

首先，教师应树立良好的职业道德，以身作则，坚持公平、公正地对待每一位学生。特别是在教育资源相对薄弱的边疆地区，教师应主动倡导教育公平，用实际行动缩小城乡教育差距，确保每个学生都能获得平等的学习机会。公平的教育环境不仅能增强学生的信任感，也有助于营造积极向上的学习氛围。

其次，教师应关爱学生的全面成长。不仅要关注学生的学业进步，更要重视他们的身心健康和价值观培养。通过细心的关怀和指导，教师可以成为学生生活中的良师益友，帮助他们在学习中克服困难，在生活中树立自信。特别是在少数民族地区，这种关怀还需兼顾学生的文化背景，让他们感受到来自教育的尊重和支持。

最后，教师还需在教学中传播积极的社会价值，注重培养学生的社会责任感和文化认同感。通过课程内容的设计和课堂实践，激励学生认识到自己的责任，既为家乡发展贡献力量，又具备面向国际化的视野和能力。这样的教育不仅帮助学生建立人生目标，也为地方社会和文化的持续发展注入了新的动力。

通过坚持职业道德、关爱学生成长和传播社会价值，英语教师能够成为学生信赖的榜样，为边疆地区的教育事业和社会进步作出积极贡献。

2.3.2 提升专业素养，精通学科知识

边疆地区的英语教师要胜任教学需求并帮助学生高效学习英语，必须不断提升自身的专业素养。这要求教师从语言基础、教学理念和多语言教育三方面入手，不断深化知识与实践能力。

首先，扎实掌握英语语言基础是成为优秀英语教师的首要前提。教师应具备

系统、扎实的英语语言知识，熟练掌握听、说、读、写、译五大基本能力，确保能够灵活应对教学中的各种语言需求。尤其是在边疆地区，英语教师往往承担着从基础到高阶教学的多重任务，语言功底的深厚性直接决定了教学质量。

其次，教师需主动学习先进的教学理念与方法，持续更新教育观念。在现代英语教学中，任务型教学法和情境教学法等实践性强的方法，能够显著提高课堂效率，激发学生学习兴趣。通过多样化的教学设计，例如，模拟交流、项目学习等，教师可以为学生营造真实的语言使用环境，帮助他们更好地将语言知识转化为实际运用能力。

最后，边疆地区的多语言环境对英语教学提出了特殊要求。教师需要关注并深入学习双语或多语言教育理论，在普通话、民族语言与英语之间找到教学平衡的方法。例如，在教学中引入学生熟悉的民族语言或文化内容，可以降低学生学习英语时的心理障碍，同时增强课堂内容的趣味性与亲切感。通过有效利用多语言环境的潜力，教师可以帮助学生更高效地在多语言转换中掌握英语。

通过提升语言基础、更新教学理念以及关注多语言教育理论，边疆地区的英语教师不仅能够更好地服务学生，还能在多语文化背景下创造更加适应性强的教学模式，为地方英语教育注入新的活力。

2.3.3 关注学生需求，因材施教

在广西边疆地区，少数民族学生的文化背景和语言环境独具特色。英语教师需要充分理解学生的成长背景，尊重他们的民族文化和语言习惯，关注他们在英语学习中可能遇到的困难。例如，语言结构的差异、语音的转换以及文化内容的陌生感，可能对学生的学习产生障碍。教师应以此为出发点，设计贴近学生实际需求的教学内容，让课程更具针对性和适应性，从而降低学习难度，增强学生的学习体验。

为了更有效地激发学生的兴趣和信心，教师应采用多样化的教学方法，让英语学习变得生动有趣。例如，通过引入文化故事、互动游戏、角色扮演等教学活动，展现英语在生活、工作和交流中的实际应用价值，让学生在轻松愉快的氛围中感受到学习的乐趣。这不仅能提升课堂参与度，还能增强学生对英语学习的信心。

此外，教师还应鼓励学生在英语学习中发展跨文化思维，将英语作为连接世界与自身文化的桥梁。通过将民族文化融入英语教学，如使用少数民族的故事、传统节日或历史背景作为教学材料，帮助学生理解英语作为国际化语言的意义，同时增强他们对自身文化的自信心。这种结合有助于学生意识到学习英语不仅是语言能力的提升，也是弘扬民族文化、参与国际交流的重要手段。

通过尊重学生背景、采用趣味性教学方法和培养跨文化思维，英语教师可以在课堂中激发学生的学习热情，增强他们对英语的兴趣与信心，帮助他们在国际化与民族文化传承中找到平衡。

2.3.4　服务社会，传承文化

广西边疆地区的英语教育不仅是语言知识的传递，更是文化传播和社会责任教育的重要载体。教师应通过英语教学，将广西少数民族的文化传播到更广阔的国际舞台。例如，借助课堂活动向学生介绍壮族、苗族、瑶族等少数民族的传统节日、手工艺和历史故事，使他们在学习英语的同时，意识到自身文化的独特性与重要性。这种教学方式既能增强学生的文化自信，也能激励他们成为中外文化交流的使者，推动民族文化的国际化传播。

此外，英语教学还承担着促进民族团结与区域合作的重要责任。在教学中，教师应注重培养学生的民族团结意识，鼓励他们以开放包容的心态看待不同的文化和语言。同时，通过将英语学习与区域国际化发展相结合，让学生理解英语不仅是一种语言工具，更是融入全球化和区域合作的重要桥梁。这种认识有助于增强学生的社会责任感，激励他们在未来以语言为媒介，积极参与区域经济合作和文化交流。

通过传递民族文化价值和促进民族团结与区域合作，英语教师能够引导学生在学习中既传承本土文化，又增强国际视野，为广西的社会和文化发展注入新的活力。

2.3.5　投身终身学习，提升综合能力

持续学习和实践是广西边疆地区的英语教师提升教学能力、适应教育需求的重要途径。教师应积极参加专业培训，定期参与地方或国家级英语教师发展项目，学习最新的教育技术与教学理念。这不仅能帮助教师掌握现代化教学工具和方法，还能提升他们对英语教育新趋势的理解，使其教学水平能够持续精进。此外，加强跨文化交流是拓宽视野、丰富教学内容的关键。教师可以通过与国内外教育机构的合作与交流，了解不同地区和国家的教学实践，借鉴先进经验。这种跨文化视角的引入，不仅能够丰富教师自身的知识体系，也能为学生提供更多元的学习体验，让他们接触到更广阔的国际化语言应用环境。同时，教师还要关注区域发展需求，将英语教育与广西边疆地区的实际情况紧密结合。通过深入理解广西在国家战略中的重要定位，如“一带一路”倡议和中国-东盟合作的核心作用，教师可以主动调整教学内容，融入与地方经济、国际合作相关的元素。例

如，可以在课堂上加入跨境贸易、文化交流等实用性强的英语知识，帮助学生认识到英语学习的实际意义，培养他们成为能够服务地方经济发展和区域合作的人才。

通过积极参与专业培训、拓宽跨文化视野以及关注地方发展需求，英语教师能够在不断学习中成长，同时在教学实践中融入更高的社会责任感，为广西边疆地区英语教育的发展和社会进步贡献力量。

3 英语教学中的德育

在当今全球化的教育背景下，随着国际交流的日益频繁，英语作为国际通用语言的地位越发凸显。在这一趋势的推动下，英语教学已不仅仅局限于语言技能的培养，而是逐渐扩展到文化意识、国际视野以及道德品质的塑造上。特别是在培养未来社会所需的全球化人才过程中，通过教材内容、课堂活动和教师引导等手段，有意识地融入道德教育和价值观培养的内容，帮助学生树立正确的世界观、人生观和价值观，从而培养出既具备扎实语言功底，又拥有高尚道德情操和跨文化交际能力的新时代人才。

3.1 德育在英语教学中的重要性

在英语教学中融入德育，不仅能够提升学生的语言能力，还能帮助他们建立正确的道德观和价值观，实现语言学习与品德培养的有机结合。这种结合方式使英语课堂成为培养学生全面发展的重要阵地，同时也提升了教师的教学价值和社会责任感。

3.1.1 教师角度

在英语教学中，教师既是知识的传授者，又是学生道德发展的引导者和榜样。他们在课堂中的言行举止，往往通过潜移默化的方式深刻影响学生的价值观和行为习惯。通过自身的行为示范，教师可以在语言表达、对学生的态度以及教学过程中展现出细致耐心，传递正向的价值观念。例如，教师可以分享自己学习外语时遇到困难并最终克服的真实经历，激励学生树立远大的学习目标，并培养坚韧不拔的精神。这种个人经历的分享，不仅增强了课堂的感染力，也让学生更加真切地体会到奋斗的意义。

此外，教师在课堂中对学生展现的尊重与关爱，也是德育教育的重要途径。例如，针对不同学习水平的学生给予理解和支持，不仅能满足学生的学习需求，还能帮助他们树立尊重他人、接纳差异的正确态度。这种润物细无声的隐性德育方式，往往比直接的说教更能深入学生心灵，成为他们成长道路上的指引力量。

3.1.2　学生角度

对于中学生而言，中学阶段是其人生观和价值观形成的关键期，而英语学习的过程也可以成为道德教育的重要载体。在英语教学中，学生能够通过学习不同文化中的道德观念，将这些价值融入自身的价值体系。例如，学习涉及环境保护、社会公德等主题的英语文章，可以帮助学生理解全球化视角下的共同价值观，并在此过程中培养责任意识和公民意识。英语课堂中的合作学习和角色扮演等活动，为学生创造了与同学互动的机会。在这些活动中，学生需要学会有效的沟通与合作，理解并尊重他人的立场和观点，从而培养团队意识和良好的人际交往能力。同时，通过模拟真实场景的语言表达训练，如主题辩论或社区问题讨论，学生能够将所学语言技能与道德观念相结合，在实践中逐步内化正确的价值观。这种理论与实践的结合，使英语学习成为学生全面发展的有力助推器。

3.1.3　教材角度

中学英语教材的内容设计中逐渐融入了丰富的德育教育元素，为教师在教学中开展德育提供了优质资源。这些教材内容通过多样化的主题和教育策略，帮助学生在学习语言的同时吸收道德价值观，促进全面发展。例如，教材中的环境保护、文化传承和历史事件等主题不仅具有丰富的教育价值，还能帮助学生理解可持续发展的理念，强调人与自然和谐共处的重要性。以一篇关于环境保护的短文为例，它通过具体的语言表达和内容设计，向学生传递了珍爱自然、保护环境的道德观念。此外，教材中的语言学习任务常与道德教育相结合。例如，教材阅读文本“Is Your Food and Drink Healthy?”倡导学生选择健康的饮食，通过语言学习的过程，引导学生理解“负责任的选择”这一道德价值。在掌握语言知识的同时，学生逐渐形成健康积极的生活习惯，实现语言能力与道德素养的同步提升。另外，教材中的跨文化主题内容为学生提供了拓展国际视野的机会。这些文章帮助学生理解不同文化背景下的道德观念，通过对比和反思，使学生更加清晰地认识到各种文化价值观的共性与差异，从而增强跨文化交流的能力。通过这样的设计，英语教材不仅成为语言学习的工具，也成为培养学生道德品质和全球视野的重要载体。

3.2 英语教学中的德育元素

英语教学中的德育元素丰富多样，这些元素不仅有助于提升学生的语言技能，更能促进他们的道德成长和社会责任感的培养。通过深入挖掘这些德育元素，并结合具体的教学活动和实践案例，可以有效地在英语教学中实施德育教育，为学生的全面发展贡献力量。

3.2.1 教材内容中的德育元素

中学英语教材在内容设计中注重价值观的引导与多方面德育教育的融合，涵盖了学生成长中多维度的道德和社会认知培养。教材中常包含关于诚实、守信、尊重、合作、友爱和责任等价值观的内容，通过具体情境展示这些品质的重要性，帮助学生在真实的语言学习过程中逐步形成正确的道德观念。

在社会公德教育方面，教材涉及诸如环境保护、公共秩序和社会公德等主题，通过阅读、讨论和实践活动，培养学生的社会责任感和公民意识，增强他们对公共事务的关注与参与。此外，教材中关于国家历史、文化以及成就的内容，通过讲述国家发展历程和英雄人物事迹，激发学生的爱国情感和国家自豪感，潜移默化地强化了他们的爱国主义精神。

同时，英语学习也是学生了解和尊重多元文化的重要途径。教材中引入了丰富的不同国家和地区的文化元素，不仅拓宽了学生的国际视野，还帮助他们认识文化多样性的价值，从而树立开放包容的态度，培养跨文化交流能力。这些内容的有机融合，使英语教材不仅是语言学习的工具，更成为培养学生全面发展的德育载体。

3.2.2 教学活动中的德育元素

在英语教学活动中，融入德育元素能够有效提升学生的道德意识和综合素养。其中，合作学习是重要的一环，这类活动鼓励学生相互协作、共同完成任务。在合作过程中，学生需要学会倾听他人的意见，尊重不同的观点，分享资源和成果，从而逐步培养团队精神和社会责任感。

角色扮演活动则为学生提供了模拟真实情境的机会，让他们以不同角色的视角去体验情感与责任。通过这种沉浸式学习，学生能够更深刻地理解道德规范和社会行为准则，从而增强道德认知与实践能力。

围绕道德主题开展的讨论与辩论活动不仅可以激发学生的思考和表达能力，

还能引导他们在交流中进行理性分析和客观评价。通过倾听和回应不同的观点，学生学会尊重他人意见，进一步提升思辨能力和道德判断力。这些教学活动的结合，使德育教育在语言学习中得以生动呈现，帮助学生在实际情境中内化道德价值观。

3.2.3 教师言行中的德育元素

在英语教学中，教师的言行举止蕴含着重要的德育元素，对学生的成长具有深远的影响。教师应以身作则，展现高尚的道德品质和良好的职业素养，以榜样作用引导学生养成正确的行为习惯和价值观。教师在课堂上的言行，不仅是知识传递的工具，更是学生模仿和学习的对象，这种潜移默化的影响能够帮助学生形成积极的人生态度。教师的情感关怀在德育教育中同样至关重要。通过关注学生的情感需求和心理变化，及时给予他们必要的关怀和支持，教师能够与学生建立起和谐的师生关系，增强学生的归属感和信任感。这种充满温度的互动，不仅为德育教育的实施创造了良好的氛围，也让学生在情感支持中更愿意接受道德教育的熏陶，从而实现身心的全面发展。

3.2.4 主题语境中的德育元素

在英语教学中，主题语境是德育教育的重要载体，能够通过多样化的教学内容和活动形式，将道德培养与语言学习有机结合。国家英语课程标准中的主题为德育的融入提供了良好的指导，例如，主题语境中，“人与自我”中健康的生活方式、积极的生活态度，认识自我、丰富自我、完善自我，乐于学习、善于学习、终身学习，语言学习的规律、方法等，优秀品行、正确的人生态度、公民义务与社会责任，生命的意义与价值，未来职业发展趋势、个人职业倾向、未来规划等，创新与创业意识等都包含了丰富的德育元素。

3.3 英语教学中德育实施的途径

英语教师面临的一个重要挑战是如何将语言教学与道德教育有机结合。在这一过程中，显性道德教育和隐性道德教育是两种主要的实现途径。教师可以根据教学目标和课堂实际情况，灵活运用这两种方法中的任何一种，或将二者相结合，从而更有效地实现道德教育的目标，使语言学习与道德培养相辅相成。

3.3.1 显性道德教育

在显性道德教育中，学生需要以明确、定期且直接的方式接受有关道德行为的指导。教师可以通过课堂讨论、案例分析、角色扮演以及专门的道德课程来实现这一目标。英语教师可以在课堂上设计专门的讨论环节，围绕诚实、尊重、责任感等道德主题或相关故事，引导学生展开深入探讨。例如，通过分析真实或虚构的道德困境案例，教师可以清晰地阐释道德原则，帮助学生理解并逐步内化这些价值观念。教师还可以设计基于道德情境的角色扮演活动，让学生扮演不同的角色，在模拟情境中面临道德决策。这种方法不仅能增强课堂的互动性，还能让学生在实践中亲身体验道德行为的意义和影响。随后，教师对角色扮演的表现进行点评，着重强调正确的道德选择，从而加深学生的理解与认同。为了系统性地传递道德教育内容，英语教学计划中还可以安排专门的道德教育单元，直接向学生教授道德价值观、道德规范和社会责任的相关知识。通过讲解道德理论、阅读相关材料、观看教育视频等多种方式，教师能够明确向学生传达关于道德行为的标准与期望。这种综合性的显性道德教育方法，不仅能让学生掌握具体的道德原则，也能为他们在日常生活中践行这些价值观奠定基础。

3.3.2 隐性道德教育

隐性道德教育旨在通过指导和榜样的潜移默化影响，塑造学生的道德价值观。教师的榜样作用、文学作品中的道德寓意以及小组合作学习等都是实施隐性道德教育的重要方式。英语教师应以身作则，成为学生心目中的道德典范，通过日常行为展现诚实、尊重、公正等优秀品质。教师的言行对学生具有深远的影响，学生往往会下意识模仿他们敬重的教师，从而在潜移默化中养成良好的道德习惯。

在教学材料的选择上，教师可以刻意挑选蕴含深刻道德寓意的故事、小说或诗歌作为英语阅读内容。例如，通过分析和讨论这些文学作品中的道德主题，学生不仅能欣赏文学的美，还能在潜移默化中领会道德教训。此外，英语课堂还可以设计小组合作学习项目，鼓励学生共同完成任务。在合作过程中，教师可以强调团队协作、相互帮助和尊重他人意见的重要性。通过这样的实践活动，学生在没有直接接受说教的情况下，通过真实体验，逐步领悟合作与分享等重要的道德价值。这样的隐性教育方式不仅自然有效，还能帮助学生将道德理念内化为日常行为的一部分。

3.4　英语课堂中的德育活动

视频3

英语课堂中的德育活动不仅能帮助学生掌握语言技能，还能促进他们道德品质、情感认知和社会责任感的全面发展。通过在教学内容和形式上的精心设计，英语课堂可以成为学生建立正确价值观、理解多样文化和提升综合素质的重要平台。

教师可以通过比较不同文化的道德和价值观，利用多样化的教学材料引导学生展开深度思考。例如，在学习“Is Your Food and Drink Healthy?”后，教师可以组织学生比较西式早餐与中式早餐的特点，通过探讨饮食文化的差异，促进学生对不同文化的理解和尊重。考虑到广西的许多学生属于壮族，教师还可以展示传统食品，培养学生对本土食品的自豪感。这种对饮食文化的关注不仅能够让学生认识到饮食文化作为国家遗产的重要性，还能帮助他们增强对自身文化遗产的自信心。

案例研究也是一种有效的道德学习活动。教师可以通过呈现描述道德困境的短文，引导学生设身处地思考并做出选择。例如，在学习“Cultural Relics”之后，教师可以设计辩论活动，让学生讨论是否有必要重建像琥珀屋这样的文化遗产。通过这种方式，能够提高学生对全球保护传统文化重要性的认识，并在讨论中培养其批判性思维能力。

教师还可以在阅读短文或完成听力活动后设计扩展活动，提出与故事或对话中道德主题相关的问题，以激发学生深入思考。例如，在阅读“A Pioneer for All People”后，教师可以向学生提出“你能从袁隆平身上学到哪些优秀品质？”这一问题鼓励学生从国家的伟大人物中提炼和学习积极的道德价值观。

在英语教学中，英语教学中的德育元素贯穿于课堂的各个方面，德育通过内容设计和教学活动得以充分体现，为学生的语言学习赋予了更高层次的教育价值。英语教学中融入德育，使英语课堂成为学生学习语言技能和培养品格修养的重要平台，促进了语言学习与道德教育的相辅相成，为学生的全面发展奠定了坚实基础。

理论篇

4 最新英语课程标准简解

4.1 中学英语课程目标

2001年版、2003年版及2011年版的英语课程标准中，英语课程目标的重点在于培养学生的综合语言运用能力，涵盖语言知识、语言技能、情感态度、学习策略以及文化意识。相比之下，《普通高中英语课程标准（2017年版 2020年修订）》与《义务教育英语课程标准（2022年版）》中的英语课程目标，则是围绕每位学生在学习过程中应培养的核心能力来设计的，这些核心能力包括语言能力、文化意识、思维品质和学习能力。新目标的核心理念在于教育“人”而非仅仅教授“学科”知识。这两版课程标准的英语课程目标均旨在培育学生的英语学科核心素养。因此，了解英语学科核心素养至关重要。

4.1.1 英语学科核心素养的内涵

视频 4

4.1.1.1 语言能力的内涵

《普通高中英语课程标准（2017年版 2020年修订）》中的语言能力指在社会情境中，以听、说、读、看、写等方式理解和表达意义的能力，以及在学习和使用语言的过程中形成的语言意识和语感。英语语言能力构成英语学科核心素养的基础要素。英语语言能力的提高蕴含文化意识、思维品质和学习能力的提升，有助于学生拓展国际视野和思维方式，开展跨文化交流。《义务教育英语课程标准（2022年版）》中的语言能力指运用语言和非语言知识以及各种策略，参与特定情境下相关主题的语言活动时表现出来的语言理解和表达能力。英语语言能力的提高有助于学生提升文化意识、思维品质和学习能力，发展跨文化沟通与交流的能力。相比较而言，《普通高中英语课程标准（2017年版 2020年修订）》与《义务教育英语课程标准（2022年版）》在语言能力的内涵上差异并不显著。不过，《普通高中英语课程标准（2017年版 2020年修订）》还额外涵盖了语言意识和语感这两个方面。

英语学科核心素养中的语言能力包含了语言的认知能力与语言运用能力两大方面。

语言的认知能力指“语言意识”或“语感”，主要是指个体对语言在广阔世界中的位置、运作机制、作用及功能的认知、体验与感知，同时也涵盖了对语言本身的深入理解。这是语言学习者在接受语言教育过程中，从内心深处对语言进行的思考与探索。例如，他们会思考语言与世界的联系，以及语言与文化、思维之间存在的关系。语言如何与社会、个人自我紧密相连，语言对于人类、国家、社会及民族的意义，以及对个人的具体价值。学习第二、第三语言或外语的必要性，以及日常使用和接触语言背后的运作原理。这些深入思考能够真正拓宽学习者的语言视野，使他们更深刻地理解外语教育对于国家、社会及个人发展的重要意义，从而使语言学习不再盲目。

语言运用能力包含语言本身知识与语言运用性知识两大方面。

语言本身的知识主要指的是语言的结构性知识，包括语音、词汇以及语法等方面的内容。

语言的运用性知识则涵盖了语篇知识和语用知识两个方面。

语篇知识泛指关于语篇如何构成、如何表达意义的知识。语篇的构成知识是指语篇的组织结构，或语篇的不同文体，如记叙、描述、说明、议论、对话、新闻报道等。这些不同的文体都有自己的组织脉络和结构特点。了解语篇的这种组织脉络和结构特点有助于理解语篇，也有助于语言活动的产出。语篇是如何表达意义的知识较为复杂，涉及语篇的主题意义、主题语境知识，宏观设计上为了有效表达主题意义采用的谋篇布局知识，微观层面上的遣词造句、衔接和连贯、标题、段落主题句、语篇标记等方面的知识，另外，作者的写作意图、情感态度、价值取向、语篇中蕴含的文化知识、文化内涵和思维特征等需要去推断、深读多思来挖掘的知识，也属于语篇所表达的意义。

语用知识是最名副其实的语言运用知识。掌握了相关的语用知识，根据地点、时间、场合、事由和参与人等，选择运用相应的语言，才能在人际交流中才能做到言语表达恰当和得体。

语言运用能力是一种综合性的能力，它不仅仅依赖于语音、词汇和语法知识的掌握，还必须融合语篇知识与语用知识。这包括对相关语篇主题情境的理解、背景知识的运用、文化知识的渗透、文化意识的培养、思维能力的提升，以及广泛百科知识的支持。

英语学科核心素养中的语言能力应包括感知英语的美妙，增强语言意识，并发展英语语感。语言运用能力不仅依赖于语音、词汇和语法的基础，还需要结合语篇知识和语用知识，以更好地发挥其作用。

4.1.1.2 文化意识的内涵

视频 5

经常听到“语言和文化不可分”“学语言就是学文化”等说法，这也是国家英语课程标准一贯蕴含的理念。新修订的《普通高中英语课程标准（2017 年版 2020 年修订）》和《义务教育英语课程标准（2022 版）》都在原课程标准基础上修改丰富了“文化意识”的内涵，它体现了英语学科核心素养的价值取向，是学生形成良好品格的关键。

内涵上，《普通高中英语课程标准（2017 年版 2020 年修订）》中的文化意识是指对中外文化的理解和对优秀文化的认同，是学生在全球化背景下表现出的跨文化认知、态度和行为取向。文化意识体现英语学科核心素养的价值取向。文化意识的培育有助于学生增强国家认同和家国情怀，坚定文化自信，树立人类命运共同体意识，学会做人做事，成长为有文明素养和社会责任感的人。《义务教育英语课程标准（2022 版）》中的文化意识是指对中外文化的理解和对优秀文化的鉴赏，是学生在新时代表现出的跨文化认知、态度和行为选择。文化意识的培育有助于学生增强家国情怀和人类命运共同体意识，涵养品格，提升文明素养和社会责任感。

高中阶段课标和义务教育阶段课标中的文化意识内涵差别并不大，也都说明了文化意识不只是文化，更不只是对文化知识的意识，而是指向价值观教育、品格教育，是英语课程育人目标的核心，无论是增强学生的家国情怀和人类命运共同体意识，还是将学生培养为有文明素养和社会责任感的人，都凸显了英语课程的育人目标。具体包括五个维度：文化知识（Knowledge）、文化意识（Awareness）、文化态度（Attitudes）、文化品格（Character）、跨文化交际能力（Competence）。

文化知识是指学习者了解不同国家的历史与现状，吸纳人类文明优秀成果，获得文化知识，理解文化思想体系；比较文化，汲取文化精华，提高人文素养。

文化意识是指在全球化背景下，学习者能理解中外文化，认同优秀文化，表现出跨文化的认知、态度和行为取向。文化意识体现英语学科核心素养的价值取向。

文化态度是指批判重视西方文化、歧视非西方文化的思想，明确外语学习既要了解异国文化，也要加强对本国和本民族文化的了解和认同，并向他国传播自己国家的文化，增强国家认同和爱国情怀，提高民族自信、自尊、自强，坚定文化自信，树立人类命运共同体意识。

文化品格是指学习中外优秀文化，形成正确的人生观、世界观、价值观，学会做人做事，成长为有文明素养和社会责任感的人。

跨文化交际能力是指学习者在文化理解、比较、认同、包容、吸纳精华和批判糟粕的基础上，能够顺利地运用语言与不同民族进行沟通和交流。

目标上，英语学科核心素养中的文化意识不只是获取文化知识，理解文化内涵，比较文化异同，汲取文化精华，形成正确的价值观，认同和接纳优秀文化的同时要坚定文化自信，形成自尊、自信、自强的良好品格，同时具备一定的跨文化沟通能力和传播中华优秀文化的能力。

语言与文化是你中有我、我中有你、密不可分的。从语言教学来讲，英语教学的目的不仅仅是教学生学语言，更为重要的目的是和不同语言的人去交际，尊重和理解不同交际对象的差异，形成国际视野和跨文化交流能力，用开放宽容的心态去对待不同的文化，这也是公民素养的重要组成部分。

4.1.1.3　思维品质的内涵

视频 6

思维与语言存在着密切关系，语言学习能够促进思维的发展，思维能力也影响着学习的有效性。思维是大脑对“客观事物及联系”间接概括的反映，是以感知为基础，通过分析和综合、抽象和概括等智力活动，对感知信息进行加工，并以储存于记忆中的知识为媒介，探索和发现事物的内部本质联系和规律性。

每个人都能思考，都具有强有力的基于神经系统的天生的思维能力。英语学科核心素养中的思维品质不只是思维能力，而且包括思维的品格内涵，如对事物做出正确的价值判断。具体内容包括观察与比较、分析与推断、归纳与建构以及批判与创新四个层面。

具体的课程目标为：学生能够辨析语言和文化中的具体现象，梳理、概括信息，建构新概念，分析、推断信息的逻辑关系，并且能够正确判断各种思想观点，创造性地表达自己的观点，具备多元思维的意识和创新思维的能力。

在英语学习活动中，学习的思维活动无处不在。教师可以通过系统性训练，有意识地培养学生多方面的思维品质，包括观察、比较、分析、推断、归纳、概念建构、批判性思维和创新思维等。

英语学科核心素养中的思维品质的发展有助于提升学生分析问题和解决问题的能力，从跨文化的视角观察和认识世界，对事物做出正确的价值判断，促进学生的深度学习，对我国基础教育英语学科有十分积极的意义。

4.1.1.4　学习能力的内涵

视频 7

学习能力是人们为获取知识应具备的一种基本能力。对学生而言，学习能力是指通过教师的指导而掌握科学的学习方法，也就是通常所说的“会学”。当今，优秀的学习者是懂得怎么学而不是学了什么。

《普通高中英语课程标准（2017 年版　2020 年修订）》和《义务教育英语课

程标准（2022年版）》都提出“学习能力是指学生积极运用和主动调适英语学习策略、拓宽英语学习渠道、努力提升英语学习效率的意识和能力”。根据这两个课标对学习能力内涵的定义，英语学科核心素养中的学习能力应该包括学习意识、学习策略、学习渠道以及学习效率。

学习意识也指学习态度。学生需要具备积极的学习态度，包括养成好的学习习惯、持之以恒地学习、主动探究知识等。学习能力内涵中，“积极”“主动”“努力”等副词，提出了对学习态度的要求。

学习策略主要是指“学生为促进语言学习和语言运用而采取的各种行动和步骤”。学生在学习和运用英语的过程中常用的策略包括元认知策略、认知策略、交际策略、情感策略。元认知策略指学生为了提高英语学习效率，主动地进行自我计划、自我监控、自我评价、自我反思和调整学习过程或学习结果的策略，是提高学生自主学习能力的关键；认知策略指学生为了完成具体语言学习活动而采取的步骤和方法，是学习效率提高的基础；交际策略指学生为了争取更多的交际机会、维持交际以及提高交际效果而采取的策略，它既是提高合作学习能力的基础，也是发展学生跨文化沟通能力的基础；情感策略指学生为了调控学习情绪、保持积极的学习态度而采取的策略，是增强学生的学习动力和毅力的前提，能促进学生终身学习的意识。普通高中英语必修课程、选择性必修课程和选修课程（提高类）都对学习策略内容做了具体的要求。掌握有效的学习策略可以帮助学生更有效地学习英语，也只有优化学习策略，才能提高学习效率。

学习渠道是指人们在学习过程中获取知识、技能或经验的途径或方式。它是学习能力的重要组成部分。随着信息技术的发展，学习的资源越来越丰富，学习的平台越来越多元，为学生提供了更多的语言学习机会和使用机会。教师应在利用传统的教学手段和教学资源（如黑板、白板、卡片、简笔画、教学挂图、模型和实物等教具）的同时，利用各种媒介开展移动学习和教学；指导学生合理利用电子词典等工具开展学习；使用数字化技术设计个性化学习平台；利用新媒体语篇开展主题阅读，扩大阅读量；通过网上专题讨论区开展写作教学；开展基于网络的同伴互评等。教师应给予学生充分的指导，让学生根据自己的学习需求和认知兴趣，自主选择和利用网络资源，多渠道、多方式完成语言实践活动。发挥现代教育技术对教与学的支持和服务功能，引导学生开展主动、个性化的探究活动，实现深度学习。

学习效率是指在规定的时间内，学习者通过有效的学习方法和策略所获得的知识、技能或经验的数量和质量。学习效率与学习态度、学习策略、学习渠道有着相互影响、相互促进的关系。学习动机、学习兴趣、学习毅力是提高学习效率的主观基础；学习计划、学习习惯、学习方法、学习目标是提高学习效率的过程保障；学习资源、学习平台、学习环境是提高学习效率的外部条件。学习效率像似一根线，将他们连在一起，形成学习能力的统一逻辑整体。

学生英语学习能力与语言能力同文化品格和思维品质一样，是一个逐渐发展和提高的过程。学习能力的发展有助于学生掌握科学的学习方法，养成良好的终身学习习惯。

4.1.2　英语学科核心素养的实践

4.1.2.1　语言能力的实践

第一，教师可以引导学生理解语言的认知层面，包括对语言在不同背景下的定位、作用、功能等方面的认知。通过引导问题，让学生思考语言与世界、文化、思维之间的关系，培养他们的语言意识和语感，帮助他们更深刻地理解和运用语言。

第二，注重培养学生的语篇知识。教师可以进行单元整体教学设计，以及基于英语学习活动观的语篇教学，教授不同文体的组织结构，如记叙、描述、说明、议论等，帮助学生理解语篇的脉络和结构特点。

第三，强调在语篇中的微观层面，包括遣词造句、衔接和连贯、标题、段落主题句等，以及推断作者的写作意图、情感态度等。语篇的深度研读对于发展学生思维，培养独立的阅读者是具有重要的意义的。

第四，现代技术的发展使语言的表达方式不只限于语篇文字，还有图例、表格、视频、动画或符号等表达方式，多模态的语篇在当今已属常见，语言技能“看”应运而生。因此在英语教学中，教师还应该引导学生阅读多样化的文本。

第五，着重培养学生的语用知识。通过实际场合的模拟和训练，让学生根据地点、时间、场合、参与人等因素，选择适当的语言表达，培养他们在真实交流中的语用能力。只有通过整合语言本体知识（语音、词汇、语法）和语言运用性知识（语篇知识和语用知识），才能使学生在语言学习中全面发展，达到从素养层面培养语言能力的目标。

4.1.2.2　文化意识的实践

英语学科中的文化不只是有关英语国家的历史与现状、文学与艺术、价值观与社会习俗，以及宗教与哲学等，同时也包括本国的优秀文化，文化自信，以及自尊、自信、自强的良好品格。因此在英语教学中，培养学生的文化意识应综合考虑文化知识、文化意识、文化态度、文化品格、跨文化交际能力五个维度。因此，在实际教学中：第一，教师可以引入丰富的文化素材，包括不同国家的历史、传统、风土人情等，以展现英语的多元文化内涵；第二，教师可以利用多媒体资源，包括视频、音频、图片等，向学生展示丰富的英语国家文化，让学生可以更直观地感受到文化的多样性；第三，教师可以将我国优秀文化融入英语教学，这样学生既能了解英语国家文化，又能强化对本国和本土文化的认同和理解，通过英语向世界传播本国和本民族的优秀文化；第四，对于教学材料中反映文化主题语境的教学内容，组织学生进行讨论，鼓励学生主动调查、了解并分享不同文化的特点，引导他们批判性地思考文化差异，培养开放、包容的文化态度；第五，创造实际语境，如利用戏剧表演，让学生模拟不同文化场景，提高他们运用语言进行文化交际的能力。

4.1.2.3 思维品质的实践

思维是英语教育中至关重要且较为抽象的品质。英语学科核心素养中的思维品质包括观察与比较、分析与推断、归纳与建构以及批判与创新。为了更好地培养学生的思维品质，教师需要采用多样化的教学活动。要培养学生的观察能力，教师可以利用图片、图表、视频等多媒体资源，引导学生通过视觉观察获取信息，并通过描述性写作任务加强学生对细节和情境的观察能力。为了提升学生的比较能力，教师可以引导他们比较不同语法结构和词汇用法的差异和适用性，比较不同英语文本的语言风格、结构和主题，或者进行中外文化的比较。在阅读教学中，教师可以引导学生进行语篇的深度研读，对语篇的主题、语言运用等进行深入分析，从而提高学生的分析能力和对语篇的深层理解水平。在语法教学中，教师可以通过呈现真实的语言材料或语法例子，让学生自己观察、分析、对比，从而归纳语法点的规律、语言结构的特点和功能，培养学生的分析能力。在英语学习过程中，学生会遇到许多与母语不同的新概念。例如，教师可以通过例句和语境让学生理解虚拟语气的用法，或者帮助学生建构音形关联的概念，从而更好地学习英语词汇。为了培养学生的批判思维，教师可以提出具有辩论性的问题，让学生分析并讨论不同观点。最后，鼓励学生大胆运用语言规则，创造无限的句子表达自己的观点和想法，从而促进他们的创新思维能力的发展。这样的教学方式不仅仅是简单的刺激-反应行为，而是将思考融入学习过程中，成为一种创造性的过程。在这个过程中，学生将学会勇于表达自己的想法，而不仅仅是死记硬背或模仿他人。

4.1.2.4 学习能力的实践

英语学科核心素养中的学习能力包括学习态度、学习策略、学习渠道以及学习效率。

英语教育中为了让学生保持积极、主动、努力的学习态度。教师应该创造有趣的学习环境，使用吸引人的教材和活动，让学生对英语产生浓厚的兴趣。另外，要正面激励学生，给予积极的反馈和奖励，肯定他们的学习成果和进步，增强他们的学习英语的自信心。学生在学习和运用英语的过程中常用的学习策略包括元认知策略、认知策略、交际策略、情感策略。为了培养学生的元认知策略，教师可以帮助学生设定清晰的学习目标；制订合理的学习计划和实践管理；教导学生注意力集中的技巧，例如通过设定专注时间、减少学习干扰；鼓励学生在面对困难时主动寻找解决方案，例如通过查找资料、请教老师或同学等途径；另外，引导学生养成对学习过程和结果进行反思的习惯，帮助他们认识到自己的学习效果，并在此基础上调整学习策略。为了培养学生的认知策略，教师可以使用笔记、图表等方式整理和组织学习材料，以促进对语言知识的理解。为了培养学生的交际策略，教师可以在英语教学过程中采取的一系列方法和技巧，包括主动参与对话，争取更多的交际机会；根据对方的语言水平和理解能力，调整自己的语言表达方式，以维持交际；以及运用交际修辞手段，如幽默、礼貌用语等，以提高交际的愉悦度和效果。学习渠道方面，虽然传统的面对面的课堂教学仍然是英语教育的主要学习渠道，但多媒体资源、在线学习平台，以及社交媒体等也应是今后重要的学习渠道。教师应该通过这些多元化的学习渠道，更全面地满足学生不同的学习需求，提高他们的语言水平和应用能力。最后，在英语教育中，关注学习方法的选择、制订合理的学习计划、设计有趣而具有挑战性的学习活动、提供及时的学习反馈、提供个性化的学习路径等都可以更有效地引导学生提高学习效率，使他们在有限的时间内更好地掌握英语语言和文化。

4.2 中学英语课程的性质

《普通高中英语课程标准（2017 年版 2020 年修订)》课程性质指出，普通高中英语课程作为一门学习及运用英语语言的课程，与义务教育阶段的课程相衔接，旨在为学生继续学习英语和终身发展打下良好基础。普通高中英语课程强调对学生语言能力、文化意识、思维品质和学习能力的综合培养，具有工具性和人文性融合统一的特点。同样，《义务教育英语课程标准（2022 年版)》中的英语课程性质也指出，义务教育英语课程体现工具性和人文性的统一，具有基础性、实践性和综合性特征。学习和运用英语有助于学生了解不同文化，比较文化异同，汲取文化精华，逐步形成跨文化沟通与交流的意识和能力，学会客观、理性看待世界，树立国际视野，涵养家国情怀，坚定文化自信，形成正确的世界观、人生观和价值观，为学生终身学习、适应未来社会发展奠定基础。“工具性和人文性融合统一的特点”以及“工具性和人文性的统一”都表明了“工具性”和“人文性”是英语课程的性质。这意味着英语学习的，不只是学习英语语言知识和语言技能，使用英语作为交流工具，而且要通过英语学习，增进对不同文化的理解和尊重，培养跨文化交流的能力，提升人文素养，形成正确的价值观和良好的道德品质。在这一过程中，学生既能够掌握实际运用英语的能力，又能够在文化、情感、态度等方面得到全面发展，实现语言学习与个人成长的有机结合。

在英语教学中，为了实现工具性与人文性的有机统一，教师可以在语言教学与文化教育之间找到平衡点。在教授语言知识的同时，融入相关的文化背景、风俗习惯和价值观等内容，帮助学生理解语言背后的文化意义，提升跨文化交际能力。例如，在教授“festival”（节日）这一词汇时，教师不仅需要讲解其词义和用法，还可以结合不同国家的节日，如我国的春节和美国的圣诞节等，向学生介绍节日的历史背景、习俗以及庆祝方式。通过这种方式，学生不仅能更深刻地理解词汇，还能体会到文化的多样性。

教师还应该注重培养学生的批判性思维和创造性表达。通过组织讨论、辩论或写作活动，引导学生用英语表达个人观点，分析问题，从而在语言学习的过程中提升逻辑思维和创新能力。这些活动还可以结合人文主题，如社会公正或环境保护，帮助学生加深对这些议题的理解与关注。

创设真实语境也是教学的重要方法之一。教师可以设计贴近学生日常生活或未来职业需求的教学活动，让学生在模拟的真实情境中使用英语交流。这种方式不仅可以锻炼语言能力，还能帮助学生理解英语在实际生活中的应用场景，增强其学习的实用性。

在课堂上，尊重多元文化是不可忽视的一环。教师应积极展示并尊重来自不同文化背景的学生的观点与习俗，营造开放、包容的学习氛围。这不仅有助于学生理解和尊重文化多样性，也能帮助他们学会从不同角度看待问题。

利用文学与艺术作品是丰富教学内容的有效途径。通过阅读英文文学作品、欣赏英文歌曲或观看英文电影等方式，学生不仅能提高语言水平，还能接触到丰富的文化内涵，培养审美情趣和人文关怀。

在教学过程中，教师还应注重引导学生进行反思与自我评价。学生可以通过反思自身学习进展，尤其是在语言能力和人文素养方面的提升，明确自己的进步与不足。同时，教师也应定期进行形成性评价，关注学生的全面发展，及时调整教学策略。

最后，激发学生的学习热情与内在动机至关重要。通过正面激励和兴趣引导，教师可以让学生感受到英语学习不仅是应对考试的工具，更是享受语言魅力和探索世界的过程。这种学习体验不仅能增强学生的成就感，也能让他们在英语学习中找到真正的乐趣。

4.3　中学英语课程原则

依据《普通高中英语课程标准（2017 年版　2020 年修订）》，普通高中英语课程秉持着五大基本理念，旨在全面发展学生的英语学科核心素养，并切实落实立德树人的根本任务。这些理念不仅构建了高中英语共同的基础框架，还充分考虑到学生个性化的发展需求，通过实践英语学习活动观，着力提升学生的实际学用能力。同时，该课程标准还强调完善英语课程评价体系，以促进核心素养的有效形成，并高度重视现代信息技术的应用，以此丰富英语课程的学习资源。这一系列理念在《义务教育英语课程标准（2022 年版）》中得到进一步的继承和发展，该标准同样提出六大基本理念，强调发挥核心素养的统领作用，并构建了一个基于分级体系的课程结构。此外，它还倡导以主题为引领来选择和组织课程内容，践行学思结合、用创为本的英语学习活动观，注重“教-学-评”的一体化设计，并积极推进信息技术与英语教学的深度融合，从而为学生提供更加全面、高效的英语学习体验。

这些基本理念为英语教学提供了重要的指导方向。“全面发展学生”这一理念强调，英语教学不仅要关注学生的语言技能，还需培养其思维能力、文化意识和学习能力，助力学生的全面发展。这要求教师在教授语言知识的同时，引导学生深入思考，促进跨文化交流，并培养其自主学习能力。“个性化教学”体现了对每位学生独特性的尊重，倡导根据学生的不同需求和兴趣进行有针对性的教学。教师需要灵活调整教学方法和内容，以满足学生的个性化学习需求，从而激发他们的学习动力。“实践与应用”则强调了英语学习与实际生活的紧密联系。通过实践活动，学生能够提升语言的学用能力。教师可以设计贴近学生日常生活的教学活动，使学生在真实语境中运用英语，从而增强语言表达的实用性。“评价体系完善”是英语教学质量提升的关键。完善的评价体系应涵盖学生的语言成绩、思维能力、文化素养和学习能力等多方面内容。这种综合性评价不仅帮助教师全面了解学生的学习状况，还能为其提供更加精准的指导。同时，“信息技术融合”在现代教学中不可或缺。教师应充分利用现代信息技术手段，如多媒体和网络平台，丰富教学资源，提高教学效率。通过为学生提供多样化的学习材料和互动机会，可以有效激发他们的学习兴趣。“主题引领与内容整合”强调以主题为线索来组织教学内容，帮助学生形成系统的知识结构并实现深层次理解。教师可围绕主题设计教学活动，引导学生深入探讨，提升综合素养。“学思结合与用创为本”鼓励学生在学习过程中结合思考与实践，通过应用和创造活动巩固知识并拓展能力。教师应引导学生将所学知识运用于实际问题的解决中，从而培养其创新思维和实践能力。

4.4 中学英语课程与学业水平

4.4.1 普通高中英语课程与学业水平

普通高中英语课程由必修课程、选择性必修课程和选修课程三类课程构成，各类课程相辅相成，共同服务于学生的英语学科学习需求及发展目标。

4.4.1.1 必修课程

必修课程是全体学生必须完成的学习内容，共计6学分。这类课程旨在为学生奠定英语学科核心素养的共同基础，使所有学生达到高中英语学业质量水平一的要求，满足高中毕业的基本要求。水平一主要用于评价学生对必修课程的学习成果，是高中学生在英语学科应达到的基本合格标准，同时也是高中英语学业水平考试命题的重要依据。

4.4.1.2 选择性必修课程

选择性必修课程是为具有进一步学习兴趣或升学考试需求的学生提供的进阶学习内容。此类课程与必修课程形成递进关系，学生需完成选择性必修课程的8学分后，方可参加高考。水平二则用于检测选择性必修课程的学习成果，是英语高考命题的核心依据。这类课程帮助学生在必修课程的基础上进一步提升语言能力，为高考及未来学术发展做好准备。

4.4.1.3 选修课程

选修课程分为提高类课程和校本课程两部分。提高类课程是在国家课程体系中设置的，为学有余力的学生、报考外语类院校的学生，以及有特殊学习需求的学生量身设计的。此类课程通常更具挑战性，旨在培养学生的高阶语言能力。学生需在完成选择性必修课程后方可选择提高类课程。完成提高类课程的学习后，学生可达到学业质量水平三。水平三主要用于检测学生在选修课程中提高类课程的学习成果，并可作为其他相关考试或评估的参考依据。校本课程则灵活多样，包括基础类、实用类、拓展类及第二外国语类等内容。学生可以根据个人兴趣和发展需求，在三年高中学习期间自由选修。这些课程丰富了学生的学习选择，进一步促进个性化发展。

4.4.2　义务教育初中英语学段目标

义务教育阶段初中英语（7～9年级）的目标设定为三级学段，主要围绕核心素养的四个方面：语言能力、文化意识、思维品质和学习能力。这些目标对学生在初中阶段结束时应达到的学业成就提出了明确预期，同时为高中阶段学习奠定基础。

5 语言观和语言学习观

5.1 语言的特征及其对语言教学的启示

未来的英语教师首先需要了解语言的定义。然而，什么是语言并没有统一的答案，不同学者对此有各自的定义，但从众多的定义中可以归纳出符号性、交流性和社区性三个关键特征。

首先，语言是一种符号系统，要以一种形式呈现，这是语言最本质的特征之一。符号是代表某种事物或概念的标记或记号，而语言正是由这样一套复杂的符号系统构成的。这些符号可以是声音（如语音）、文字（如汉字、拉丁字母等）或其他形式的标记。符号性使得语言能够超越具体的物理事物，表达抽象的概念、情感和思想。它是人类思维和交流的基础，使人类能够理解和沟通那些无法直接感知或体验的事物。

其次，语言是交流的工具，这是语言的核心功能之一。通过语言，人们可以传递信息、分享经验、表达情感、协商意见和进行合作。交流性是语言存在的根本目的。它使得人类社会能够形成复杂的合作网络，促进知识的积累和传播，以及文化的传承和发展。在日常生活中，人们通过语言进行对话、讨论、演讲等活动，实现信息的传递和思想的碰撞。在国际交流中，不同语言的使用者通过翻译或共同语言进行沟通，促进了全球文化的融合和发展。

最后，语言与社区紧密相连，是社区文化的重要组成部分。社区性指的是语言在特定社会群体中的使用、传承和发展。语言不仅是交流的工具，更是社区认同和归属感的象征。共同的语言使得社区成员能够更紧密地联系在一起，形成共同的文化和价值观，反映着文化和习俗，维系社会关系和促进文化传承。

语言的符号性、交流性和社区性共同揭示了语言的本质与特点。符号性指向语言的形式，即语音、文字和语法结构，这些符号是人类交流的基本载体；交流性体现了语言的功能，即语言作为工具所承担的表达思想、传递信息、实现交际等多种作用；社区性则强调语言的情景，即语言总是在具体的社会环境和文化情境中被使用，它反映了语言与人际关系、文化背景之间的紧密联系。

由此可见，语言是由形式、功能和情景这三个核心要素构成的一个综合体系。语言形式包括语音、词汇和语法结构。教师在教学中应系统地传授这些内容，例如通过语音训练帮助学生纠正发音，通过词汇教学扩展学生的词汇量，通过语法教学让学生掌握语言规则，形成扎实的语言基础。然而，语言的形式只是工具，教学的最终目标并非机械地传授符号，而是引导学生在实际语境中灵活使用这些符号。语言学习的核心在于功能，即学习者如何在不同情境中运用语言来完成具体的交际任务。教学过程中，教师应设计任务型教学活动，鼓励学生通过实际操作理解语言功能，例如，进行角色扮演、对话练习、问题解决等。在这样的活动中，学生不仅能够理解语言的含义，还能学会如何用语言实现询问、建议、道歉、投诉等具体功能，提升语言的实用性和流畅度。语言的情景即语言的表达方式和选择，与所处的社会环境、文化背景及交际对象密切相关。因此，教师在教学中要注重语境创设，让学生在具体情境中练习语言。例如，通过模拟真实情景（如在餐馆点餐、在银行开户、在机场问路），让学生体验语言在不同语境中的使用规则与得体性。此外，教师还应引导学生了解文化差异，帮助他们理解和适应不同文化背景下的语言习惯，培养跨文化交际能力。

在实际教学中，语言的形式、功能与情景并非孤立存在，而是相互依存、相互作用的。教师需要综合这三个要素进行设计和组织教学活动。例如，在教授“如何请求帮助”这一内容时，教师可以结合形式、功能，以及情景进行教学设计。

形式上，学习请求帮助的句式（如“Could you help me?”“Would you mind helping me?”）；功能上，理解这些句式的实际功能——表达请求；情景上，创设不同的语境，如向陌生人问路或在商店里寻求服务，帮助学生练习得体地表达请求。

通过这样的教学设计，学生能够更好地理解语言的形式，掌握语言的功能，并在适当的情境中自如地运用语言，从而达到语言学习的最终目标——实现有效的交际与表达。

语言的符号性、交流性和社区性三者共同构成了语言的核心体系，即形式、功能和情景。在语言教学中，教师需要摒弃片面强调语言形式的传统观念，转而将形式教学与功能训练、情景创设相结合，通过丰富的教学活动和真实的语境体验，帮助学生全面理解语言、灵活运用语言，真正实现语言学习的综合发展和实际应用。

5.2 语言观及其对语言教学的启示

在语言学的研究领域，语言学家们对语言持有不同的理论和见解，形成不同的语言观：第一个观点是结构主义的语言观，第二个观点是功能主义的语言观，第三个观点是互动主义的语言观。

5.2.1 结构主义语言观及其对教学的启示

结构主义语言观将语言视为一个由多个子系统构成的综合系统（Larsen-Freeman & Long，1991），这些子系统包括音位、形态、句法等，它们相互协作，共同塑造了语言的结构性和规律性。这一观点揭示了语言内部各个层次之间的紧密联系，也为语言学习和教学提供了重要的理论基础。

具体而言，音位学关注语言的声音系统，研究不同音素的分类、组合及其在交流中的区分作用。例如，英语中“bit”和“beat”在音位层面上只有一个元音音素的差别，但却能传达不同的词义。这表明音位系统在语言学习中具有基础性作用。形态学则深入探讨词汇的结构与构成，重点分析最小意义单位——语素，并研究语素如何组合形成单词。形态学的研究内容包括前缀、后缀、词根以及词形变化规则，如英语中的“un-”与“happy”组合成“unhappy”或“-able”与“comfort”组合成“comfortable”“uncomfortable”等。这些规则帮助学习者理解词汇构建的内在规律，进而扩大词汇量，提升语言运用能力。句法研究单词如何按照一定的规则组合成句子，它关注单词在句中的排列顺序以及各成分之间的关系。例如，英语中“John eats an apple”与“An apple eats John”的词序不同，导致句义的完全变化。这种句法规则的掌握是学习者能够准确表达思想的关键。

结构主义语言观强调语言的形式特征，认为语言学习的核心在于掌握语言系统中各个子系统的规则。因此，在这一观点的指导下，语言教学主要围绕发音、词汇和语法三个方面展开，教师的任务是帮助学习者系统地理解并运用这些语言结构。在发音教学方面，教师需要注重音位系统的教学，帮助学生掌握标准的语音和语调，识别不同音素的差异。例如，通过听音、模仿、拼读等练习，强化学生对发音的敏感度，提升语言的听说能力。在词汇教学方面，基于形态学的原则，教师可以引导学生识别和理解词根、前缀、后缀等结构性元素，帮助他们理解词汇的构成规律。通过拆解单词、词形变化训练等方法，学生能够有效地扩大词汇量，并掌握词义推测的技巧。例如，教会学生识别“re-”“un-”等前缀的含义，可以帮助他们快速理解相关单词的意义。在语法教学方面，结构主义强调句法规则的重要性，因此语法教学需要系统性和逻辑性。教师应引导学生熟悉句子的结构规则，从简单句到复杂句逐步过渡，帮助他们理解句子成分的功能及排列方式。通过句型练习、句式转换和造句活动，学生能够有效地掌握句法规则，提升语言表达的准确性和流畅性。此外，结构主义的一个重要观点是语言的各个子系统是相互联系的。因此，教师在教学过程中应注重音、形、义、句的综合运用，使学生能够在真实语境中将这些规则融会贯通。例如，在阅读教学中，结合词汇分析、句法解析和发音练习，帮助学生整体理解语言的结构和含义。

5.2.2 功能主义语言观及其对教学的启示

功能主义语言观将语言不仅视为一个结构系统，更是实现多种活动、满足社会交际需求的重要工具。这一理论强调语言的功能性，即语言用来完成特定任务的能力，如提出建议、劝告、道歉、请求信息、发出邀请等。在日常生活中，会遇到各种需要语言沟通来解决的情境，如点餐、问路、询问信息、描述人物或地点、比较事物、提出投诉或赞扬、接受或拒绝邀请、寻求帮助或提供建议。这些社会功能构成了人们交流互动的重要内容，也是语言学习者必须掌握的核心技能。

功能主义语言观认为，语言学习的目标不仅是掌握语音、词汇和语法的规则，更重要的是理解语言在实际情境中的运用，培养学习者在真实社会环境中执行任务的能力。这与传统强调语法规则和句子结构的教学理念形成了鲜明对比。

基于功能主义语言观，语言教学的重点应转向语言的实际使用，即如何在不同情境中实现具体的交际功能。因此，教师在教学过程中应创设真实或接近真实的情境，让学生在模拟的社会互动中进行语言练习。例如，在课堂上设置“购物”场景，学生可以扮演顾客与店员进行对话，学习如何询问商品价格、进行选择和付款；或者设置“机场问询台”的情境，练习如何询问航班时间和登机口。另外，功能主义语言观指导下的教学活动应围绕实际任务展开，帮助学生掌握特定的语言功能。教师可以设计功能型任务，如请求帮助（如“如何向陌生人问路”）、投诉与建议（如“向餐馆经理投诉服务”）或描述与比较（如“描述朋友的外貌特点”）。通过这些任务，学生可以在实践中熟练运用语言功能，提升实际交流能力。功能主义语言观强调语言技能的综合运用，包括听、说、读、写各方面的能力。在教学中，教师应结合不同技能进行训练。例如，在学习“如何邀请朋友共进晚餐”这一功能时，教师可以先通过听力材料展示自然对话，然后让学生进行角色扮演，通过写作练习撰写一封正式邀请函，从而实现听、说、写的有机结合。

5.2.3 互动主义语言观及其对教学的启示

互动主义语言观中的“互动”指的是个体通过语言与他人进行信息交流的过程。在这一观点下，语言不仅是一种符号系统或功能工具，更是建立和维护人际关系的重要媒介。通过语言，人类能够进行交流、表达思想、结交朋友、解决问题，甚至向他人提出请求或寻求帮助。

互动主义语言观强调，学习者不仅需要掌握语法结构和词汇，更重要的是通过与他人的真实互动来习得语言，从而理解在不同社会情境中语言使用的规则和技巧。互动主义语言观指出，语言学习的本质在于互动。仅仅学习语言功能（如询问、道歉、请求）是不够的，学习者必须懂得如何在特定语境下恰当地运用这些功能。语言不仅要“能说得通”，还要“说得得体”，这要求学习者在交际中充分考虑听众、语境以及所选择的语言表达方式。例如，以下两个询问方向的句子虽然在语法上完全正确，功能上也都能传达“询问去停车场的路线”的目的，但使用时的得体性却截然不同：

Hi, you. Tell me how to get to the car park from here.

Excuse me, kind sir. I wonder if you would be so kind as to direct me to the car park from here.

虽然两个例句都完成了“询问”的功能，但第一句语气粗鲁，不考虑听众的感受，可能导致被忽视甚至遭到反感；而第二句尽管语气过于正式，但至少显得礼貌且尊重对方。因此，互动主义语言观强调，语言的有效使用不仅依赖于语言本身，还取决于情境和交际对象，即语言的得体性和适用性。

互动主义语言观为语言教学提供了重要启示，它倡导通过真实互动实现语言学习，除了强调情境的创设和语言的实际运用，还关注语言的得体性与适用性。因此，教学中，教师应引导学生理解语言使用的语境要求，教会他们如何根据不同的听众、情境和目的选择恰当的语言。例如，在教授“请求帮助”这一功能时，教师可以提供不同的表达方式：“Can you help me?”（日常使用）和“Would you mind helping me?”（礼貌正式），并解释它们适用于哪些情境。让学生体会语言使用的细微差别，帮助他们学会“说得得体”。

互动主义语言观鼓励真实的互动交流。它主张语言学习不能仅停留在教科书和课堂练习中。教师应鼓励学生走出教室，在真实生活中与他人进行交流互动，例如，与外国友人交谈、参加语言角活动，或通过合作项目与同学互动。真实的交流情境能帮助学生巩固语言技能，提高语言的实际运用能力，同时增强自信心。更值得注意的是，互动主义语言观重视结合文化背景理解语言互动。不同文化背景下的语言互动方式存在显著差异，教师在教学中应引导学生理解文化差异，学习在不同文化情境中如何使用得体的语言。例如，如何表达感谢、道歉或拒绝请求等，这些都涉及文化习惯与交际规则的理解。

互动主义语言观在语言教学中积极倡导的教学理念，它不仅帮助学生掌握语言的基本规则，还着力培养他们的社会交际能力，使语言真正成为他们融入社会、参与全球化交流的重要工具。这一教学理念符合当今语言学习的实际需求，是培养具备语言综合素养和跨文化交际能力学习者的有效途径。

结构主义语言观、功能主义语言观以及互动主义语言观对语言教学产生着深远的影响。结构主义语言观认为，掌握一门语言的核心在于理解其结构规则和词汇。功能主义语言观进一步强调，在掌握结构和词汇的基础上，还需学会如何运用这些元素来实现特定的交际目标。而互动主义语言观则认为，要能够执行所需的语言行为，不仅要知道如何操作，更要具备判断在何种情境下行为得体，以及何时、何地、以何种方式行动才最为恰当的能力。对于一名合格的语言教师而言，掌握这些不同语言观的精髓是至关重要的。首先，深入理解结构主义语言观能够帮助教师构建扎实的语言教学框架。通过系统地教授语言的语法规则、词汇构成等基础知识，教师可以为学生打下坚实的语言基础，使他们能够准确、规范地使用语言。这种基础性的教学对于学生后续的语言学习和应用至关重要。其次，功能主义语言观的应用使语言教学更加贴近实际交际需求。教师不仅要教会学生语言的形式，更要引导他们学会如何运用语言进行有效的沟通。最后，互动主义语言观除了创设真实的交际情境，鼓励学生积极参与语言实践活动，还强调在不同情境下选择合适的语言表达方式，以及根据交际目的调整语言策略。这样的教学能够增强学生的语言运用能力，使他们在日常生活中更加自信地运用所学语言。

5.3　语言学习观及其对语言教学的启示

对于语言学习理论主要有四种观点：行为主义语言学习观、认知主义语言学习观、建构主义语言学习观和社会建构主义语言学习观。这些语言学习理论解释了人们是如何学习语言的，并描述了语言学习的过程。

5.3.1　行为主义语言学习观及其对教学的启示

行为主义学习观并非由单一学者独立提出，而是经过多位学者的发展和完善逐渐形成的。其中，约翰·B. 华生（John B. Watson）为行为主义理论奠定了基础，B. F. 斯金纳（B. F. Skinner）则在其基础上提出了系统的语言学习观，而伦纳德·布龙菲尔德（Leonard Bloomfield）等学者则进一步丰富和完善了这一理论。这些学者的贡献共同构成了行为主义语言学习观的理论体系。

约翰·B. 华生被认为是行为主义的创始人。他提出了行为主义的基本观点，即心理学应该研究可观察的行为，而不是内部的心理活动。虽然华生没有直接提出行为主义语言学习观，但他的行为主义理论为后来的语言学习观奠定了基础。

B. F. 斯金纳在行为主义语言学习观的发展中起到了关键作用。他在《言语行为》（*Verbal Behavior*）一书中系统地阐述了语言学习的本质，认为语言是一种行为，可以通过刺激和反应的训练来习得，因此，行为主义学习理论也称联结主义理论或刺激-反应（SR）模型，从习惯养成的视角来审视学习过程。习惯是通过模仿来形成的，并且经由反复实践而得到加强。斯金纳提出，语言同样是一种行为，能够采用与动物训练相类似的方法进行学习——通过持续的重复以及教师的正向强化来巩固正确的语言行为。

伦纳德·布龙菲尔德在其《语言论》（*Language*）中提出了行为主义语言观的具体公式，用于解释言语行为。他强调了外部刺激和反应在语言习得中的重要性，并认为语言学只能研究可以观察到的物理现象。

伊万·巴甫洛夫（Ivan Pavlov）的条件反射理论也为行为主义语言学习观提供了重要的理论基础。巴甫洛夫的实验表明，动物可以通过条件反射形成新的行为模式，这一原理同样适用于人类的语言学习。

行为主义理论的核心在于刺激（Stimulus）、反应（Response）和强化（Reinforcement）三大环节。这一理论将学习视作通过外部环境塑造行为的过程，强调外部刺激和学习者行为之间的因果关系。在语言教学领域，行为主义的理论框架为语言习得提供了重要的理论依据与实践方法，尤其在听说能力培养和技能性训练方面。

刺激是行为主义学习过程的起点。在语言教学中，刺激可以表现为教师的语言输入、课堂活动设计或学习材料的呈现。例如，教师发出一段英语句子或展示一张图片，都可以作为学习者接受输入的刺激源。这些刺激需要具备清晰性、具体性和重复性，以便学习者能够准确感知。

反应是学习者对刺激所做出的具体行为。在语言课堂中，反应表现为学习者的模仿、复述、翻译或回答问题。例如，教师在课堂上用目标语言提问时，学生通过重复或仿造句式进行回答便是一种典型的反应。这种反应不仅是学习的直接体现，也是后续强化的重要依据。

强化是巩固学习效果的关键环节，可以是正强化（如奖励）或负强化（如纠正错误）。在语言教学中，正强化是指教师的表扬、同伴的认可、获得的高分、课堂奖励（如加分或小礼品），以及学习者自己在成功完成任务后获得的内在满足感。负强化是指通过指出错误或修正发音，促使学习者调整行为，但这种方式需适度，避免挫伤学习者的积极性。

在行为主义学习观的指导下，语言教学特别强调模仿与重复的重要性。根据行为主义理论，语言学习是一种通过模仿和重复逐渐形成语言习惯的过程。因此，教学设计应充分运用大量的听说练习，例如，跟读、句型替换练习和结构化对话等活动。这些练习能够在刺激-反应模式中帮助学习者建立目标语言的正确表达习惯。例如，通过反复进行“Drill”训练，学生能够逐渐掌握特定语法结构的正确使用方式，从而为语言学习打下扎实的基础。

此外，行为主义语言学习观非常注重正面反馈对学习动力的增强作用。在课堂中，教师应更多地给予正强化，如积极的评价、奖励或赞扬。这种方式不仅能增强学生学习语言的信心，还能激发他们进一步学习的积极性。例如，当学生能够用目标语言完整表达一个句子时，教师可以通过口头表扬或奖励的形式肯定他们的努力，从而进一步激励他们继续投入学习。

同时，行为主义还强调及时纠错对培养正确语言习惯的重要性。在学习过程中，教师应利用负强化来纠正学生的错误行为。例如，当学习者在发音或句法使用上出现错误时，教师可以通过模仿正确发音或提供标准答案，帮助学生意识到问题并及时调整。然而，纠错时需要注意方式与技巧，避免让学习者感到焦虑或挫败，以免影响他们的学习热情。

行为主义的刺激-反应-强化理论为语言教学提供了实践基础，尤其在语言习得的初级阶段和技能训练中具有重要价值，但其局限性也不容忽视。由于行为主义主要关注外在行为表现，忽视了语言学习中的内在心理过程（如理解、推理和创造性运用语言的能力），因此在高阶语言学习（如阅读理解、语用能力和批判性思维）中，其作用相对有限。此外，过于强调重复和模仿的训练方法可能导致学习者缺乏灵活性和创造力。

5.3.2 认知主义语言学习观及其对教学的启示

认知主义学习理论植根于认知心理学，强调学习者在知识构建过程中主动思考和探索的重要性，而不仅仅是机械地模仿和重复。与行为主义相比，认知主义学习观更注重学习过程中的内在心理活动，特别是思维、推理、理解和创造力的发挥。认知主义学习理论的核心在于学习者不仅是知识的接收者，更是知识的建构者。

诺姆·乔姆斯基（Noam Chomsky）对语言学习的认知过程有着重要影响。他提出了一项重要质疑：如果语言学习只是模仿行为，那么孩子如何能够创造出他们从未听过的词汇和句子？这一疑问揭示了语言学习中创造性的本质。举例来说，汉语语言背景下母亲可能教导孩子称呼长辈时，应称比妈妈年长的女性为"大姨"，比妈妈年轻的女性为"小姨"。然而，孩子却可能创造性地反驳："我要叫她们'中姨'。"这一现象表明，语言学习并非单纯的模仿，而是一个基于规则的创造性过程。乔姆斯基认为，这种创造性源于人类掌握语言的深层结构（Deep Structure）和生成规则（Generative Rules）。通过有限的语法规则，学习者可以生成无穷多样的句子，甚至创造出全新的语言表达。因此，乔姆斯基强调，语言学习并非仅仅是行为主义所描述的习惯养成，而是一种更为复杂的认知过程，涉及对语言规则的理解和内化。

认知主义学习观认为，学习是个体主动建构知识的过程。在这一过程中，学习者通过主动参与和探索环境，逐步建立新的认知结构和概念体系。与行为主义强调刺激-反应关系不同，认知主义更注重学习者的内部心理过程，将学习视为一个动态的认知建构和调整过程。这一理论指出，学习不仅是对外部刺激的被动反应，更是学习者通过思维、理解和推理形成并重组内部心理结构的过程。

认知主义学习观在语言教学中的应用尤为重要，因为语言学习不仅涉及词汇、语法等语言知识的记忆，还包括对这些知识的深刻理解及其灵活应用能力。基于这一理论，语言教学应超越单纯的机械记忆或模仿训练，转向促进学生理解语言规则、内化知识，并能够在不同情境中有效使用目标语言。

认知主义学习观指导下的语言学习的关键在于掌握其规则和逻辑，而不仅是简单记忆词汇或句型。教师应帮助学生通过归纳和推理掌握语法、句式等语言规则。例如，在教学语法时，可以引导学生观察多个句子实例，通过对比总结出语法规律，而非直接讲授规则。这种过程性学习有助于学生更深刻地理解和应用语言知识。另外，自主学习是认知主义的重要目标之一。语言教学应注重培养学生的自主学习意识和能力，让他们在学习中成为主动建构知识的主体。教师可以通过示范有效的学习策略（如记忆技巧、笔记整理、思维导图应用等），帮助学生掌握自我管理的工具。同时，鼓励学生在课堂外使用多种资源（如词典、学习App、在线课程），逐步提升独立学习的能力。例如，要求学生课后整理一篇学习日志，总结课堂所学并提出自己的问题，通过自我反思和调整不断优化学习效果。

认知主义强调语言学习的最终目的是能够灵活迁移和运用知识。教师可以设计跨学科或跨主题的学习活动，让学生在不同语境中使用目标语言。例如，学习描述地点的词汇后，学生可以制作一份旅行指南；学习时间表达后，可以让学生设计自己的时间规划表。通过这些任务，学生不仅能巩固知识，还能将语言应用于实际生活中。

认知主义的理念为语言教学提供了一种以学习者为中心的思维方式，推动语言教学更关注学习过程与思维能力的培养，而非单纯的知识传递。但也存在一些局限性。乔姆斯基的认知主义语言理论强调语言能力是先天决定的，认为每个个体都拥有与生俱来的语言习得装置（LAD）和普遍语法（Universal Grammar）。这一观点虽然解释了儿童语言习得的某些现象，但却低估了环境输入和社会互动在语言学习中的重要性。例如，儿童语言的丰富性和多样性很大程度上依赖于与周围人的互动，而这些社会化因素在乔姆斯基的理论中被严重忽略。

5.3.3 建构主义语言学习观及其对教学的启示

建构主义理论认为，学习是一个主动建构意义的过程。语言学习者并不是被动接受知识的容器，而是通过与环境的积极互动，将新信息与自身已有的语言知识和经验相结合，从而构建新的语言理解和表达能力。与传统的知识传递式教学不同，建构主义强调学习者的主体性，主张学习的过程应围绕学习者的认知发展和知识建构展开。虽然建构主义理论最初并非专为解释语言学习而提出，但它作为一种普适的教育理论在语言教学中具有广泛的适用性。事实上，建构主义不仅为语言学习提供了启发，也对各学科知识的获取与思维能力的培养有重要指导意义。

建构主义学习观强调，学习是学习者在已有知识和个人经验的基础上主动建构意义的过程，而非简单的信息接收或机械记忆。这一理论为语言教学提供了重要启示。具体而言，建构主义学习观主张学习的过程始终是新旧知识的融合。因此，教师在语言教学中，应充分了解学生的已有知识和语言水平，设计符合其认知基础的学习内容。例如，在教授新语法结构时，可以通过复习旧语法与新语法的对比，让学生发现两者的联系，从而更自然地建构新知识。类似地，教师可以鼓励学生结合母语的表达习惯来理解目标语言的句法规则，借助已有经验降低学习的难度。

此外，建构主义学习观不仅强调语言的习得过程，更注重学习者思维能力的发展。语言学习不仅是词汇和语法的记忆过程，核心目标是培养学生的思维能力。因此，在语言教学中，教师可以将语言学习与思维训练结合起来。例如，在阅读教学中，教师可以设计开放性问题，要求学生分析文章的逻辑结构、评价作者的观点或提出自己的见解；在口语教学中，教师可以鼓励学生通过辩论表达不同的立场。这些活动不仅能帮助学生建构语言知识，还能培养他们的批判性和逻辑性思维，从而实现语言能力与思维能力的双重提升。

5.3.4 社会建构主义语言学习观及其对教学的启示

社会建构主义学习观是对建构主义学习理论的深化与拓展，其根基可追溯至维果茨基（Lev Vygotsky）1978 年的研究。该研究特别突出了“活动”与“社会交往”在促进个体高级心理机能发展中的核心地位，这些核心理念共同构筑了社会建构主义学习观的精髓。维果茨基明确指出，社会互动在儿童的学习过程中扮演着不可或缺的角色。他强调了在社会情境中与目标语言进行互动及参与的重要性，这一观点依托于“最近发展区”（ZPD）理论，与 ZPD 紧密相关的另一关键概念便是“支架”（Scaffolding）的理论框架。

最近发展区指的是那些对儿童而言独立掌握过于困难，但在知识丰富者的指引与鼓励下能够达成的技能。这些技能被称作“最近”，意味着个体已接近掌握它们的水平。换言之，个体在学习过程中通过接受更有经验和技能的人的指导获得成长。这位指导者通常是父母、教师或其他成年人，但并非绝对；在许多情境下，同龄人同样能提供宝贵的帮助与指导。

为了确保学习的发生，语言教师必须精准把握学习者 ZPD 的各个阶段：明确区分学习者即便在辅助下也难以完成的任务、能在指导下完成的任务，以及已能自主完成的任务。学习者即便在辅助下也难以完成的任务，即超出其 ZPD 的任务，指的是那些即便有人指导，学习者也难以攻克的内容。面对这类任务，教师或许会考虑调整难度，寻找更贴合学习者当前技能水平的活动。当学习者接近但尚未完全掌握某项技能，且仍需人指引时，他们正处于 ZPD 的核心区域。此时，教师会运用多种策略，助力学习者深化对任务所需概念与技能的理解。学习者能自主完成的任务，标志着他们已掌握必要技能，无须其他人辅助。达到这一阶段后，教师应适时提升任务难度，探寻学习者的下一个 ZPD，以激发其持续学习的动力。

教师的教学策略应随学习者所处 ZPD 阶段而调整：对于能自主完成的任务，应增加难度；对于需辅助完成的任务，应运用多样技巧；对于即便辅助也难以完成的任务，则应适当降低难度。在课堂上选择教学内容时，教师应聚焦于那些落在学生 ZPD 内的任务，即他们能在指导下完成的任务。通过提供与学习者 ZPD 相匹配的任务，教师可以高效运用教学技巧，引导学生掌握知识，同时确保挑战与支持的程度恰到好处。

社会建构主义学习观中另外一个关键的概念是“支架”。“支架”指的是教育工作者或能力更强的同伴为了支持学习者的学习，所提供的一系列活动或辅助措施，旨在帮助学习者在其最近发展区内获得有效的指导与提升。

在语言教学中，教师可借助问题式支架、图示支架、情境支架、范例支架以及有声思维支架等多种手段，助力学生更深刻地理解和掌握语言知识，进而提升他们的语言运用能力。同时，这些支架还能有效培养学生的自主学习能力、合作精神以及创新思维。在教师的支架式引导下，学生能够逐步迈向自主学习，实现个人发展。以下是几种主要的支架类型。

（1）问题式支架，即通过精心设计一系列层次分明的问题链，激发学生的积极思考与讨论，从而帮助他们逐步深入理解学习内容。此支架有助于提升学生的认知水平，将未知转化为已知。

（2）图示支架，即利用图表、图片、思维导图等直观的视觉辅助工具，帮助学生清晰地梳理知识结构，进而提高他们的学习效率。对于视觉型学习者而言，图示支架尤为奏效。

（3）情境支架，即通过构建真实或模拟的语言环境，如角色扮演、情境对话等活动，使学生在具体情境中实践语言，从而锻炼并提升他们的语言运用能力。

（4）范例支架，即提供优秀的语言范例，如范文、经典例句等，供学生参考和模仿。借助范例支架，学生能够掌握更为准确、地道的语言表达方式。

（5）有声思维支架，即教师通过口头表述自己的思维过程，展示如何解决问题或完成任务，进而引导学生模仿和学习。这种支架有助于锻炼学生的逻辑思维能力和批判性思维能力。

社会建构主义学习观对语言教学提供了许多重要的启示。首先，社会建构主义强调语言学习不是孤立的重复或死记硬背，而是一个通过互动交流和合作学习的过程。在课堂上，教师应鼓励学生之间的互动与合作，因为与他人的交流能够带来更快速和有效的学习进展。因此，教师可以设计小组活动或讨论任务，促进学生之间的语言实践与知识建构，进而提升语言能力。其次，教师在教学中应扮演支持者和引导者的角色，而不仅是知识的传授者。根据社会建构主义理论，教师应搭建学习支架，为学生提供一个有利的学习环境。这种支架不仅可以通过提问、解释、示范等方式帮助学生理解新知识，还可以通过提供适当的反馈和指导，促进学生逐步掌握语言技能。教师的引导和支持能够帮助学生在语言学习过程中不断进步，达到更高的理解层次。同时，社会建构主义还强调“接近性”的原则，即学习任务的难度应符合学生的当前能力水平。在设计语言学习任务时，教师需要关注任务的适度性。如果任务过于简单，学生可能缺乏挑战；如果任务过于困难，学生可能会感到沮丧，甚至放弃。因此，教师应根据学生的认知发展水平设计合适的任务，并在学生学习过程中提供适当的帮助和支持，确保学生能够顺利完成任务并获得成就感。最后，语言学习的最佳途径是教师与学生、学生与学生之间的动态互动。在教师的精心支架下，学生不仅可以通过教师的提问与解释提升理解，还可以通过与同伴的合作学习扩展他们的技能与知识。教师通过设计互动性强的教学活动，鼓励学生分享观点、解决问题并共同推进学习，最终促进学生在互动中建构语言知识并提升语言能力。

5.4　语言教学理念

在语言教学中，教师的角色应当是“支架”的提供者，而非直接的知识传授者。教师的任务是为学生提供适当的支持，帮助他们自主发现语言规则和知识，而不是单纯地告诉学生所有的内容。通过这种支持，学生能够在教师的引导下，逐步掌握语言技能并发展出独立学习的能力。正如 H. D. Brown（2002）所指出，教学的本质是“展示或帮助某人学习”，而学习则是“通过学习、经验或指导获得某一学科或技能的知识”。因此，教师在课堂上应扮演帮助学生探索和发现的角色，而不仅仅是传递知识的渠道。

另一个语言教学中的关键要素是互动。语言学习无法在没有互动的情况下有效进行，因为语言本质上是沟通的工具，只有通过与他人的互动，学习者才能真正理解语言的运用。课堂上的互动不仅限于师生之间的交流，学生之间的合作与讨论同样重要。通过有意义的互动，学生可以更好地理解语言的实际应用，提升其交际能力。

例如，在阅读课堂上，教师应通过鼓励学生思考和激发他们的阅读兴趣，帮助学生与文本进行深度互动，而不是简单地提供答案或解释。这种方式能够激发学生的好奇心和主动学习的热情，使他们更积极地参与到语言学习的过程中。此外，教师应为学生提供必要的支架，帮助学生在理解和分析文本时依靠已有的知识进行推理和发现，避免过度的讲解，促使学生自主探索和解决问题。

因此，语言教学的核心在于通过教师和学生之间的互动，最终促进学习者语言交际能力的发展。教师应始终牢记，自己的角色是“帮助他人学习”，而不仅仅是“教书”。只有通过这种引导和互动，学生才能在语言学习的过程中获得真正的进步。

6　英语教学法的主要流派

英语教学法可划分为三大流派：第一大流派是传统英语教学法，主要为语法翻译法、直接法、听说法、视听法及认知法；第二大流派是非传统流派，其中包括全身反应法（TPR）、沉默法、社区语言学习、暗示法、全语言法、多元智能法以及词汇法；第三大流派是当代交际流派，如交际学、内容型教学法以及任务型教学法。

结合目前中小学英语教学的实际情况，本章将着重探讨语法翻译法、直接法、听说法、交际法以及任务型教学法这五种主要的英语教学流派。

6.1　语法翻译法（The Grammar-Translation Method）

语法翻译法也称为古典教学法，它强调通过学习和掌握语法规则以及进行翻译练习来学习外语。

6.1.1　语法翻译法的起源

语法翻译法起源于欧洲，最初用于拉丁语、希腊语等古典语言的教学。这种方法强调通过逐词逐句地翻译来学习外语，并比较母语与外语在语音、词汇和语法上的异同。语法翻译法在 19 世纪盛行，并逐渐发展成为影响欧洲外语教学时间最长、范围最广的教学法。它奠定了外语教学成为一门独立科学的基础。在这一时期，语法翻译法的教学目的逐渐从单纯的语法学习转向阅读外国文学作品和模仿范文写作。

20 世纪初，随着其他外语教学方法的出现，如直接法、听说法等，语法翻译法开始受到挑战。然而，它仍然在一些地区和学校中继续使用，特别是在强调语法准确性和阅读能力的场合。直到现在，尽管存在其他更现代的教学方法，但语法翻译法仍在全球范围内广泛使用。它特别适用于需要深入理解语言结构和语法规则的学习者。随着计算机技术的发展，语法翻译法也开始与现代技术相结合。例如，计算机辅助翻译工具可以帮助教师更高效地进行翻译练习和语法分析。

6.1.2　语法翻译法的特点

语法翻译法主要有以下特点。

（1）语法翻译法通常使用母语来解释新的知识点，目标语言的实际使用很少，并把外语和学生的本族语进行比较。

（2）教学中会详细分析语法规则，提供详尽的语法细节解释，要求学生熟记并通过例句和翻译练习来巩固这些规则，对文本内容的关注有限。

（3）教学中强调对原文的学习，引入阅读具有挑战性的经典文本，阅读经典文学作品是常见的教学材料。

（4）词汇通常通过孤立单词的列表进行教学，多采用同义词与反义词对比和例句示范法。

（5）翻译是教学的主要手段，包括外语翻译成母语和母语译成外语的逐词翻译。

（6）教学重点在于语法规则的掌握、书面语的理解和翻译能力的培养，不注重学生的听说能力，发音几乎不受重视。

6.1.3　语法翻译法的教学过程

在语法翻译法的教学实践中，注重词汇教学、阅读教学与解析、语法知识讲授、机械性语法练习、翻译练习等环节。通过这一系列的教学步骤，帮助学生掌握词汇、理解语法规则并提升语言转换能力。以下为运用语法翻译法进行语言教学的大致流程。

6.1.3.1　词汇教学阶段

教师首先介绍新词汇，详细讲解词汇的构成（如词根、词缀）、分类（如名词、动词等）以及词汇间的差异（如同义词、反义词）；强调词汇在句子中的功能和用法，帮助学生理解词汇的具体应用；新词汇呈现在课文末尾的双语词汇表中，提供中文和英文的对应翻译，供学生参考和复习；鼓励学生利用词汇表进行自主学习和记忆。

6.1.3.2　阅读教学与解析阶段

每个教学单元包含一篇与词汇和语法点相关的阅读文章，教师引导学生进入文章阅读；教师针对文章内容进行逐句解析，解释句子的意思和结构，特别聚焦于其中的语法点；对复杂句子或难点进行重点讲解，并提供中文翻译，帮助学生理解。

6.1.3.3　语法知识讲授阶段

在完成文本讲解后，教师归纳文章中出现的语法点，进行详细讲解；强调语法规则的重要性和应用场景，帮助学生掌握语法知识；根据学生的实际情况和学习需求，教师适当拓展相关的语法知识，提供更多的例句和练习。

6.1.3.4　机械性语法练习阶段

设计句子改写练习，要求学生根据给定的句子运用所学的语法规则进行改写；通过改写练习，帮助学生巩固和加深对语法规则的理解和运用；提供填空练习，让学生在句子中填入适当的词汇或语法结构，以检验他们对语法知识的掌握程度。

6.1.3.5　翻译练习阶段

要求学生将独立的句子在中文与英文之间进行互译；翻译练习涵盖本节课所学的词汇和语法，以提升学生的语言转换能力。

6.1.4　语法翻译法的评析

采用语法翻译法进行课堂教学时，课堂以详细的词汇学习开始，强调词汇表的记忆，这种词汇教学更倾向于机械学习而非有意义的理解。教师在讲解文本时会投入大量精力，为文中的每一个句子都给出详细的解释与对应的翻译。然而，过分强调语法规则在一定程度上削弱了学生对文本整体内容的把握，使得许多学生难以领悟其内在含义。此外，翻译练习主要聚焦于孤立、不连贯的短语和句子，尽管这样的练习为学生提供了大量的书面翻译实践机会，但对于增强学生在目标语言中的实际交际能力而言，其效果却相对有限。

尽管语法翻译法因偏重枯燥的记忆和语法规则剖析而往往不受语言学习者的青睐，但该方法允许教师利用母语作为教学媒介，降低了对教师自身语言水平的挑战，因此在教育薄弱地区广受欢迎。此外，语法翻译法在特定教学场景下仍能发挥作用，尤其是当教学重心在于语法学习时。作为一种历史悠久且影响深远的外语教学法，语法翻译法的起源可追溯至中世纪，历经数世纪的发展，它至今仍在现代外语教学中占据重要地位。尽管当前存在诸多更为现代的教学方法，但语法翻译法在某些方面依然展现出其独特的优势与实用价值。

6.2　直接法（The Direct Method）

直接法主张通过直接使用所学目标语进行外语教学，而不用学生的母语，不用翻译；也不作语法分析，语法通过上下文获得，通过对话和实际使用来学习，模仿自然学习母语的方式学习外语。此方法也被称为“自然法”。直接法的基本原理是“幼儿自然学语”论，即仿照幼儿自然学习母语的过程和方法来设计外语教学的基本过程和教学方法。

6.2.1　直接法的起源

直接法产生于19世纪末，弗朗索瓦·古恩（Francois Gouin）在德语学习过程中的失败经历促使他反思传统学习方法的局限性，并逐渐转向了一种更接近于直接法的学习方式。他通过观察儿童学习语言的过程，意识到语言学习应该注重实际应用和直接理解，而非单纯的语法记忆和单词背诵。虽然弗朗索瓦·古恩并未直接创立直接法，但他的学习经历为直接法的发展提供了实践支持和理论借鉴。

直接法是由德国外语教学法专家马克西米利安·贝力兹（Maximilian Berlitz）确立的，他长期从事外语教学工作，对传统的语法翻译法深感不满。他认为这种方法无法有效地培养学生的听说能力，因此开始探索新的外语教学法。贝力兹不仅提出了直接法的理论，还将其付诸实践。他创立了贝力兹语言学校，这所学校完全采用直接法进行教学，取得了显著的教学效果。贝力兹语言学校自编教材，注重口语教学，通过实物、动作等直观手段调动学生的学习积极性，提高了学生学习外语的兴趣和效率。

6.2.2　直接法的特点

直接法主要有以下特点。

（1）课堂教学使用目标语言进行，不使用学生的母语进行教和解释；

（2）广泛使用实物、图片、手势、动作和表情等直观手段来教授日常词汇和句子，通过联系思维教授抽象词汇；

（3）强调通过归纳法教授语法，即让学生在接触了大量语言现象后进行总结和归纳，从而掌握语法规则，语法规则的学习融入语言实践中；

（4）口语交流能力被视为语言学习的核心，师生之间的问题与回答交流是直接法教学中提高口语交流能力的关键手段；

（5）进行小班教学，教学内容和难度进行逐步分级；
（6）新的知识点通常首先通过口语形式进行教授；
（7）强调模仿和反复练习，以培养学生的正确发音和语调；
（8）强调口语和听力的结合，通过口语实践来提高学生的听力理解能力。

6.2.3 直接法的教学过程

直接法的教学流程注重通过直观手段、口语教学和语境创设来帮助学生直接理解和掌握语言。它强调口语与听力的优先地位，将语法教学融入语境中。采用直接法进行语言教学的大致流程如下。

6.2.3.1 准备与引入阶段

教师提前准备好与教学内容相关的实物、图片、音频或视频等直观材料，以及创设贴近生活的语言情境。通过展示实物、播放音频或视频、提出引人入胜的问题等方式，激发学生的学习兴趣和动机，引导他们进入学习状态。

6.2.3.2 词汇与语境结合教学

教师直接展示实物或图片，用目的语说出词汇，让学生直接感知词汇与实物之间的联系。将新词汇融入简单的句子或对话中，让学生在语境中理解和记忆词汇。不依赖双语词汇表，而是鼓励学生通过语境和直接经验来掌握词汇。

6.2.3.3 口语与听力优先

教师进行口语示范，引导学生模仿发音和语调，通过口语交流来学习和掌握语言。播放音频或进行口语对话，让学生听懂并理解语言，培养他们的听力理解能力。避免逐句翻译，而是让学生通过语境和直接经验来理解句子的意思。

6.2.3.4 语法教学融入语境

让学生在真实的语境中感知和理解语法结构，而不是单独讲授语法规则。在学生积累了一定的语言材料后，引导他们归纳出语法规则，并用这些规则来指导以后的学习。减少机械性的语法练习，而是让学生在真实的语境中运用语法规则进行口语交流。

6.2.4 直接法的评析

直接法以目标语言为教学媒介，营造了良好的语言交流环境，培养了学生用外语进行思维的能力。然而，在课堂上完全排斥母语的使用，特别是对初学者来说，可能会影响学生对目标语言的理解。同时，这种方法对教师的目标语言水平，尤其是口语能力，要求较高。直接法通过直观的教学手段，更适合教授日常英语，有助于激发学生的学习积极性。但由于其方法的局限性，对于复杂和抽象的语言内容和结构的教学较为困难，因此通常不适用于高中和大学的外语教学。归纳法教授语法，让学习者通过接触和练习自行发现并内化语法规则，与自然语言习得的过程相一致，对初学者和儿童学习者可能更加有效。虽然小班教学在私立语言培训学校中较为可行，但在公立中学实施时可能会遇到班级规模和资源限制的挑战。直接法通过口头引入新教学点、教授口语和听力理解，并重视正确的发音和语法，能够有效提升学生的听说能力。然而，它对阅读和写作技能的关注较少。

直接法在19世纪末和20世纪初广受欢迎。贝力兹英语和贝力兹语言学校在全球蓬勃发展，尤其是在教师为母语者且学生积极性很高的私立学校中。20世纪20年代初，传教士在教堂教授英语时将直接法引入我国。如今，在我国的英语课堂上，直接法仍然常用于教授新词汇，特别是那些可以与图片或实物相关联的单词。

6.3　听说法（The Audiolingual Method）

听说法是 20 世纪 40 年代产生于美国的第二语言教学法。它强调通过反复句型结构操练来培养口语听说能力，是一种旨在掌握口语能力的教学法。

6.3.1　听说法的起源

听说法起源于第二次世界大战期间，当时美国军队为了在短时间内培养大批掌握外语口语能力的军人，采取了一系列强化训练士兵听说能力的措施，听说法便应运而生。因此，该方法最初又被称为“军队教学法”。第二次世界大战结束后，该法被推广应用到学校外语教学中，并在 20 世纪 50—60 年代风行美国和西方各国。值得注意的是，听说法是第一个以美国结构主义语言学为语言学和以行为主义心理学的刺激-反应论为心理学为基础的教学法，它把结构主义理论和行为主义理论应用到外语教学中，使外语教学建立在当代科学研究成果的基础之上，这在第二语言教学史上具有划时代的意义。

根据斯金纳的行为主义理论，听说法认为外语学习是习惯的形成，通过模仿、机械练习和记忆的方法可以强化学生的反应，从而掌握外语。语言学习被视为习惯培养的过程，其中正确行为会获得积极的反馈，而错误行为则会得到消极的反馈。教师在这一过程中扮演着关键角色，他们需积极防止学生犯错，以免不良习惯的形成，同时，通过正面强化帮助学生建立起正确的语言习惯。与直接教学法相仿，此学习方法强调使用目标语言进行教学。听说法则侧重于通过对话来教授词汇与语法结构，旨在使学生在口语交流中能够迅速且准确地作出反应。此方法在改善发音、训练动词短语及教授习惯用语等方面具有一定的显著效果。

6.3.2　听说法的特点

听说法主要有以下特点。

（1）教学过程中特别强调口语的训练和优先发展。

（2）鼓励学生通过模仿教师的发音、语调以及常用表达方式，并通过大量的反复练习来巩固所学句型结构。

（3）尽量减少语法解释，通过反复练习句型，掌握基本的语法规则。

（4）在教学过程中，教师会及时对学生的口语输出给予反馈，指出错误并引导其改正，以确保学生形成正确的语言习惯。

（5）强调在课堂上尽可能多地使用目标语言，创造沉浸式的语言环境。

6.3.3 听说法的教学过程

听说法是一种以外语口语听说能力培养为核心的教学法，它通过反复操练句型结构和限制使用母语等手段，旨在帮助学生形成自动化的语言习惯，提高外语口语能力。若教师遵循以下教学流程，则可大致判断其正采用听说法进行语言教学。

6.3.3.1 准备阶段

选择在语言实验室或配备有良好听力设备和视觉辅助工具的教室进行授课，确保每位学生都能清晰地听到录音材料。准备好配套的语言磁带或数字音频文件，以及可能需要的视觉辅助材料（如图片、图表等）。

6.3.3.2 示范对话

不提供书面语言文字材料，教师朗读或通过录音播放示范对话，使学生初步接触并理解目标语言材料。重点关注对话中的关键句型。

6.3.3.3 逐句重复

学生逐句跟读，可以是个别重复，也可以是集体重复，以加深记忆并熟悉语音语调。教师在此过程中及时纠正学生的发音和语法错误，确保学生从一开始就能形成正确的语言习惯。

6.3.3.4 角色扮演

学生分角色模仿对话，增加互动性和趣味性，同时通过实际运用来加深对话语的理解和记忆。

6.3.3.5 反复操练

选取对话中的关键句型进行模式操练，包括集体练习和个别练习。通过大量的重复和替换练习，使学生熟练掌握这些句型的用法。

6.3.3.6 语法解释

在操练过程中，教师仅给予最少的语法解释，以避免过多的理论讲解干扰学生的语言实践。重点是让学生通过实践来掌握语法规则，而不是通过记忆来学习。

6.3.3.7　后续活动

提供书面文字语言材料和练习，帮助学生巩固和扩展所学知识。学生模仿示范对话或课本中的句子进行写作，逐渐发展到对已练习内容短文写作。

6.3.4　听说法的评析

听说法重视口语输出，通过大量的口头练习，学生能够迅速提高口语表达能力和发音准确性；听说法主要关注口语输出，而往往忽视了阅读和写作的重要性。教师在解释课文时加入目标语言的文化知识，这有助于学生更好地理解语言背后的文化内涵。听说法强调通过重复来巩固学习成果，但过度重复可能会让学生感到厌烦和枯燥，口头重复对交际能力和创造性思维培养有限；听说法注重语言的准确性，但过分强调这一点可能会给学生带来不必要的压力。听说法在课文学习过程中几乎不提供语法解释，这可能导致学生对语法结构理解不足。

20 世纪中期，这种方法强调重复和操练，通过习惯养成和强化来教授语言。尽管它旨在培养口语技能，但往往是在不自然的、背诵的对话中进行，缺乏实际交流的价值。随着语言学的不断发展，尤其是认知理论的出现，研究发现语言并不是通过习惯形成的过程习得的，而且错误不一定是坏的。正如乔姆斯基所言："语言不是一种习惯结构。普通的语言行为通常涉及创新，即根据高度抽象和复杂的规则构造新句子和模式。"

6.4 交际法（The Communicative Approach）

交际法也被称为交际语言教学（Communicative Language Teaching）。在讨论它的起源、特点和评价之前，先来了解几个重要的概念。

6.4.1 交际法的核心概念

6.4.1.1 方法论、教学法、教学技巧

交际法的英文翻译为 The Communicative Approach，而不是 The Communicative Method。在语言教学中，方法论（Approach）、教学法（Method）和教学技巧（Technique）之间存在区别。每个术语在教学过程中代表不同的抽象层次。

方法论是最广泛且最具理论性的层面，是关于教授和学习语言的基本理论或哲学。它指导教学的整体方向，影响方法和技巧的选择，如交际法。在交际法的实践中，并不存在一种固定不变的模式，而是需要遵循一系列核心原则。其中，最为关键的原则在于精心设计一系列富有意义的教学活动，促使学生能够在现实生活的交流中有效运用所学语言进行交际。这些活动应当紧密贴近生活实际，激发学生的学习兴趣，鼓励他们在实践中不断探索、运用并提升语言能力。

教学法是方法论的实际应用，是一个详细的教学计划，规定教师用来教授语言的原则、程序和策略。教学法包含教学步骤的顺序和使用的材料类型，但仍然是一个较广泛和结构化的框架。例如：直接教学法不使用翻译来教授语言，而是通过动作、图片和示范帮助学习者理解意义。

教学技巧是最具体和实际的层面，指的是课堂中实际使用的活动或程序，用以执行教学法。技巧是教师为实施教学计划所采取的实际行动，具有灵活性，即使在同一教学法中，技巧也可能有所不同。例如：角色扮演活动是在交际课堂中使用的一种技巧。另一个例子是机械操练（Drilling），学生通过重复练习语言模式，这在听说法中经常使用。

因此，方法论是关于语言学习的广泛理论或信念（如交际法）。教学法是基于方法论的结构化教学计划，规定如何进行教学（如语法翻译法、任务型教学法）。教学技巧是课堂中使用的具体活动或任务（如使用闪卡、分组讨论、角色扮演）。

每个层次都建立在另一个层次之上，从理论层面（方法论）到实践层面（教学法），再到具体可执行的层面（教学技巧）。

6.4.1.2 交际能力（Communicative Competence）

交际语言教学的目标是培养学生的交际能力，这不仅包括对语言的知识，还包括在交际情境中如何恰当地使用语言的知识。换句话说，交际能力是指知道在什么情况下该说什么、什么时候说、怎么说、在哪里说，以及对谁说的能力。

对于什么是交际能力，不同的学者提供了各种定义。根据 Canale 和 Swain 的观点，交际能力可以分为四类：语法能力（Grammatical Competence）、话语能力（Discourse Competence）、社会语言能力（Sociolinguistic Competence）和策略能力（Strategic Competence）。

语法能力指的是正确使用语言的语法、句法和词汇的能力。这种能力意味着在交际中使用的语言形式应该是正确的；话语能力是指能够连贯地连接句子，并在口语和书面语中产生较长的语言片段，即交际的内容应该是合乎逻辑的、连贯的，并且在开始、发展和结束互动时能够顺畅进行；社会语言能力是指根据具体情境恰当地使用和回应语言的能力，包括话题、交际对象，这意味着在不同的语境中，交际应该是合适的；策略能力是指处理交际中断的能力，这意味着可以通过不同的方式来弥补交际中的障碍，如非语言语言、解释性复述，甚至回避等方式。

根据 Hedge 的观点，交际能力包括语言能力、语用能力、话语能力、策略能力和流利度 5 个组成部分。

语言能力指对语言形式的掌握，包括语音、词汇、句法和语法规则的正确使用。这是语言学习的基础，确保使用者能够在听、说、读、写中正确表达和理解语言。

语用能力指在具体情境中适当地使用语言的能力。它包括理解语境、文化和社会规范，能够根据交际的对象和场合选择适合的语言表达方式。

话语能力指组织和连贯地使用语言，形成连贯的对话或书面文本的能力。它强调在不同情境中将单个句子连接起来，以确保信息的逻辑性、条理性和流畅性。

策略能力指在交际过程中，尤其是在遇到沟通障碍时使用各种策略（如复述、非语言手段或解释）来维持或修复交际的能力。

流利度指在不牺牲准确性的情况下，能够自如、顺畅地使用语言进行交流的能力。流利度体现在语言输出的速度、自然度和连续性上。

6.4.1.3 语言形式与交际功能

语言形式指的是语言的结构方面，包括语法、句法、词汇和语音。它关乎语言的构造——单词如何排列成句子、动词如何变化、名词如何复数化、音素如何组织等的规则和模式，如语法规则（如主谓一致）、句子结构（如词序）、词法（如前缀、后缀）、语音学（如发音模式）。

交际功能是指语言在特定社会情境中使用的目的或意图。它关注语言的用途——人们交流的各种原因，如提问、发号施令、提出请求、表达情感或传递信息。交际功能着重于我们在互动中想要达到的目的，如请求（如“你能递一下盐吗”）、道歉（如“抱歉，我迟到了”）、询问信息（如“现在几点了”）、提供帮助（如“你需要我帮忙吗”）。

语言形式与交际功能之间的关系是语言形式提供结构，而交际功能提供目的。形式是我们如何组织和排列语言的方式，而功能是我们在社交互动中想要达成的目标。

不同的语言形式可以用来表达同一种交际目的（例如请求许可、提供建议或道歉）。例如：表达请求许可，可以用 Can I open the window?（我可以打开窗户吗?），Is it okay if I open the window?（如果我打开窗户可以吗?），Do you mind if I open the window?（你介意我打开窗户吗?）；表达提供建议，可以用 You should study harder.（你应该更努力学习。），Why don't you study harder?（你为什么不更努力学习呢?），If I were you，I would study harder.（如果我是你，我会更努力学习。）

如果一个人使用语法正确的句子（形式正确），但这些句子在情境中不合适，沟通可能不会有效，称之为只有形式，没有功能。例如，在与亲密朋友的随意对话中说“我想通知你……”（正式的语言形式）可能会显得尴尬和不合时宜。

同样的语言形可以根据语境表达多种交际目的。例如，在不同的语境中，I'm sorry 可以表达道歉的功能，如 I'm sorry for being late.（对不起，我迟到了）；也可以表达表示同情的功能，如 I'm sorry to hear about your loss.（听到你的损失，我感到很遗憾）。That's interesting 可以表示兴趣，如 That's interesting! Tell me more.（这很有趣！请告诉我更多。）；也可以表示礼貌地表达异议，如 That's interesting，but I have a different perspective.（这很有趣，但我有不同的看法。）

如果一个人有正确的意图，但他们的语言形式不正确，沟通也可能失败，称之为只有功能，没有形式。例如，一个人可能想提出请求，但如果句子不清晰或语法不正确，如“You give me that?”（你给我那个?）而不是“Could you give me that?”（你能把那个给我吗?），可能会让听者感到困惑。

在有效的沟通中，形式和功能应该相辅相成：语言应当结构正确且适合交际目的。在某种程度上取决于我们是谁、我们在哪里、我们与谁交谈以及我们与互动中相关人员的关系。

6.4.2 交际法的起源

交际语言教学（Communicative Language Teaching，CLT）起源于 20 世纪 60 年代末至 70 年代初，作为对传统语言教学方法不满的回应，特别是语法翻译法和听说法，这些方法主要关注记忆、操练以及孤立的语言结构，而忽视了实际生活中的交流。20 世纪 60 年代，语言学家诺姆·乔姆斯基对结构主义语言学的批评强调了理解语言深层生成结构的重要性，而不仅仅是句子结构。然而，另一位语言学家戴尔·海姆斯提出了交际能力的概念，这成为 CLT 的基础。海姆斯认为，掌握一门语言不仅是知道如何形成语法正确的句子，还要知道如何在各种社会情境中适当地使用语言。这种从关注语言功能使用而非仅仅语法准确性的转变，成为语言教学的关键转折点。20 世纪 70 年代，英国语言学家大卫·威尔金斯提出的功能意念，将语言划分为功能（例如，请求、建议、拒绝和抱怨等）和意念（例如，时间、顺序、数量、地点和频率等），这种实用取向为 CLT 铺平了道路。CLT 旨在将语言作为实际交流的工具，而不是抽象的规则集。自 20 世纪 70 年代以来，交际法在全球范围内迅速扩展，不仅在欧洲和美国广受欢迎，而且风靡全球。该方法在 20 世纪 80 年代后期蓬勃发展，并在今天仍然具有重要影响力。

6.4.3 交际法的特点

交际法主要有以下特点。

（1）注重语境交流。CLT 的首要目标是培养学习者如何在不同的语境中适当地表达思想、情感和意图的交际能力。

（2）意义胜于形式。CLT 更加重视学习者能否用语言有效地表达自己并理解他人的意思。

（3）使用真实语言材料。CLT 使用真实的语言材料，促进课堂活动与现实世界的联系。

（4）以学习者为中心。在 CLT 中，学习者是学习过程中的积极参与者。他们通过需要解决问题、协商和与他人互动的任务来学习语言。

（5）整合语言技能。CLT 将听、说、读、写四种语言技能结合起来，而不是孤立地教授。

（6）基于功能和意念的大纲。CLT 采用功能意念大纲，通过语言的功能（如请求、道歉）和意念（如时间、频率、数量）来教授语言。

（7）接受错误。CLT 认为错误是语言学习的自然部分，通常避免即时纠错，以免打断交流。

6.4.4 交际法的教学流程

交际法旨在帮助学生在真实或模拟的情境中练习和运用语言，提高他们的交际能力和创造性思维。同时，通过小组讨论和角色扮演等活动，学生还能增强合作意识和团队协作能力，其教学流程如下。

6.4.4.1 引入新功能与目标明确化

清晰地阐述即将学习的语言交际功能，并强调这一技能在英语学习进程、日常生活交流及未来工作场景中的实际应用价值和重要性。

6.4.4.2 选定话题与情境设定

精心挑选与新功能紧密相关的话题，确保这些话题能够激发学生的兴趣并便于展示新学的交际技能。

6.4.4.3 创设贴近生活的真实情境

构建一个贴近实际、生动有趣的情境，为学生提供一个讨论和展示新功能话题的平台。在此过程中，教师适时提出问题，引导学生积极参与，促进师生间的有效沟通。

6.4.4.4 明确任务与目标

向学生明确说明他们即将讨论的话题中需要解决的具体问题或达成的目标，以确保讨论的方向性和目的性。

6.4.4.5 预热讨论与语言准备

通过师生互动，预热讨论氛围，同时呈现并预演可能在讨论中需要用到的关键语言点，为学生后续的自主讨论打下基础。

6.4.4.6 意念展示与策略指导

教师不仅展示新功能所需的意念项目（如逻辑连接词“首先”“此外”“最后”等），还应提供有效的交际策略指导，帮助学生更流畅地表达。

6.4.4.7 角色扮演与情境模拟

组织学生分组进行角色扮演，模拟真实情境下的对话交流。教师可提供角色卡片等辅助材料，帮助学生更快地融入角色，增强代入感。

6.4.4.8　小组讨论与巡回指导

学生在小组内进行深入讨论，教师则在教室中巡回，观察学生的表现，提供必要的帮助、指导和反馈。

6.4.4.9　成果展示与反馈评价

鼓励学生展示小组讨论的成果，即话题问题的最终答案或解决方案，并给予积极的反馈和评价，以增强学生的成就感和自信心。

6.5 任务型教学法（The Task-based Approach）

6.5.1 弱式版本的 CLT 和强式版本的 CLT

在 CLT 中，Howatt 提出了交际语言教学的两个版本：弱式版本（The Weak Version）和强式版本（The Strong Version）。CLT 的弱式版本强调学习者首先将语言作为结构系统进行习得，然后再学习如何在交流中使用它，即“学用英语”。该版本强调在应用语言于交际情境之前，先教授语法结构和形式。其主要目标是为学习者提供必要的语言能力（对语法和词汇的知识），以便在交际场合中正确使用语言。这可能涉及结构化的练习、演练和侧重于语言形式的实践，之后再进行真实的交际任务。

CLT 的强式版本主张语言主要通过交流本身进行习得，暗示学习者在参与有意义的交流过程中发现语言的结构方面，即“用英语学英语”。该版本优先考虑在情境中使用语言，强调从一开始就进行互动和交流的重要性。它表明学习者通过实际语言使用而不是通过对规则的明确讲解来发展他们的语言能力。如角色扮演、讨论和解决问题等活动，要求学生在真实的情境中使用语言，使他们在交流过程中自然学习语言结构。后来，弱式版本演变为 PPP（Presentation，Practice，Production）模式，而强式版本发展为任务型教学法（The Task-based Approach，TBA）。

6.5.2 语言的准确性和流利性

任务型教学法是 CLT 的进一步发展，并在许多方面继承了 CLT 的核心理念，如两者都强调语言学习应尽可能贴近实际使用。任务型教学法的核心在于“任务”。任务通常指在现实生活中人们为达到某个目标或解决某个问题而进行的活动。在语言教学中，任务是指学习者在课堂上通过使用语言来完成某个目标，模拟真实生活中的交际活动。例如，订购食物、询问方向或解决一个问题等。这种方法通过让学习者在完成任务的过程中使用目标语言，帮助他们自然地习得语言。与传统的以语法和结构为中心的教学法不同，任务型教学法强调语言的使用必须尽可能接近实际生活中的情境。学习者在课堂中完成的任务通常是模拟现实中的沟通情境，使得他们可以将所学语言直接应用于生活。任务型教学更关注语言的功能和实际用途。尽管任务型教学法强调真实交际中的语言使用，它并没有忽视语言形式的学习。任务型教学法的独特之处在于，它主张通过完成任务来习得语言形式，而不是单纯通过规则讲解。换句话说，语言形式的学习是通过实际的语言使用自然习得的。这一方法强调在完成任务时，语言的准确性（Accuracy）和流利度（Fluency）能够得到平衡发展。这种教学方法在全球范已经成为一种非常受欢迎的教学方法。

在外语教学方法的演进历程中，学者们始终致力于在语言学习过程中探求准确性与流利性之间的恰当平衡。从早期偏重准确性的语法翻译法，逐渐过渡到注重流利性的直接法，进而发展到力求两者兼顾的听说法，这一系列演变最终导向了再次凸显流利性重要性的 CLT。于是，一个问题随之浮现：既然听说法已经同时聚焦于流利性与准确性，为何仍需采用同样重视这两方面的任务型教学法呢？任务型教学法尽管与听说法在关注流利性和准确性上有所交集，但其独特之处在于，它不仅仅停留于重复与操练，而是巧妙地将语言任务融入现实、贴近生活的情境中。任务型教学法着重于利用语言技能达成特定的交际目的，以一种更为动态且情境化的途径，实现了准确性与流利性之间的平衡。

6.5.3　任务的定义

要理解任务型教学法，首先要理解“任务”这一概念。对于不同学者而言，“任务”有着不同的含义。Long 将其界定为涵盖日常生活、工作、娱乐等多个领域的活动，本质上是一种交际性行为。而 Breen 则提供了另一种具有代表性的定义，他认为任务是促进语言学习的工作计划，其范围广泛，既包含简单短暂的练习，也涉及复杂耗时的活动。这一定义中，教学任务与交际任务并存，前者对应着简单的交际活动，后者则指向不仅设计简单且简短的练习，也涉及更为复杂且时间较长的交流活动。基于此，任务可细分为教学任务与交际任务两大类。教学任务专为语言练习设计，通常与特定的练习活动紧密相连，如机械式、受控的、形式化的学习活动——匹配、填空、选择题、模式操练等，均属此类。相反，交际任务则着眼于现实生活中的交流需求，常被直接称为“任务”，它关联着与实际生活交流紧密相关的活动，即所谓的交际任务或真实活动。综上所述，从广义角度审视，“任务”几乎涵盖了学生在课堂上被要求完成的所有活动，既包括教学任务或机械练习，也包含交际任务或真实活动。然而，狭义上“任务”仅指那些真实的活动，它将语言形式（如语法、发音、词汇）的活动排除在外。

在明确了任务的概念后，可以进一步理解任务型语言教学的内涵。需要强调的是，典型的任务型教学法课堂应包含教学任务和交际任务。这类语言课堂整合了语言和语言教学的三大要素：形式、功能和情境。但是任务型教学法课堂可以仅包含交际任务，但不能仅限于教学任务。交际任务是任务型教学法课堂区别于其他教学方法和路径的关键所在，它反映了对语言本质的深入思考。

6.5.4 练习、练习型任务、任务

根据任务的广义定义，任务型教学法中的活动主要分为练习（Exercise）、练习型任务（Exercise-task）和任务（Task）三类。

当学生在执行任务时，他们往往专注于整体的交流过程。然而，在以任务为基础的语言教学中，有时候需要将他们的关注点引导至特定的语言形式或结构，比如词汇、语法或发音的重复或训练上，且有明确正确的答案。这样的活动，可以称之为“练习”。

在任务型语言教学中，还存在一类活动，它们介于真实任务与练习之间。这类活动涉及更具有交际性的上下文，但仍然关注语言形式。“练习型任务”巧妙结合了任务的真实交际性和练习的针对性特点的教学活动，通常鼓励学习者在特定的语言元素的基础上进行交流，同时仍保持一定的结构。例如，假设教师正在教授英语中的现在完成时态，为了帮助学生熟练掌握现在完成时态，可以设计“我的假期冒险”故事讲述这样一个“练习型任务”，让学生在模拟的真实情境中运用多学语法点。通过这个“练习型任务”，学生不仅能在接近真实的交际环境中练习现在完成时态，还能提高他们的口语交流能力和团队协作能力，同时使学习过程更加生动有趣。

任务是一种真实的交际活动，重点在于意义和成功完成目标。任务通常涉及合作、解决问题或决策，允许学习者以更自然和有意义的方式使用语言。重点是流利性和有效性，而不是严格的准确性。

简而言之，练习侧重于语言形式，练习型任务则结合了形式与意义，而任务则更注重有意义的交流。从交际目的和情境化程度来看，练习的交际目的和情境化程度较低，练习型任务用于对具体语言项目进行情境化练习，而任务的交际目的和情境化程度较高。

进一步而言，练习相当于控制性活动，练习型任务类似于半控制性活动，而狭义上的任务则指的是真实活动。具体而言，半控制性活动中的任务是高度结构化的，教师或教材控制了学生大部分的语言使用。目标通常是练习特定的语法点、词汇或发音。由于学生的表达自由度有限，这类活动更注重准确性而非流利度。

如句型练习（如替换练习、重复练习）、填空题、听写、句子转换。在半控制性这类活动中，学生可以在特定框架内有一定的语言使用自由。它比控制性活动更灵活，但仍然引导学生使用特定的语言形式或功能。这类活动的目标是平衡准确性和流利度，因此它们是从形式练习向自由交际的过渡阶段。如信息差练习（提供提示）、指导性角色扮演（给出词汇或短语建议）、完成句子任务及结构化

对话。真实活动中的任务涉及在真实或接近现实的情境中使用语言，学生可以完全自由地运用所学语言。真实活动通常是交际性的，优先考虑流利度，尽管准确性也同样重要。主要目标是帮助学生为现实生活中的交际做好准备。如关于真实话题的辩论或讨论、解决问题的任务、现实生活中的场景（如点餐、问路）以及模拟面试或电话对话。

值得注意的是，如果学生都能看到相同的图片并据此讲述故事，这样的活动不应被视为真实活动（任务），而应归为半控制性活动（练习型任务），因为它缺乏交际目的，因此不能称之为真正的任务。然而，如果有两组不同的图片，一组学生根据自己的图片集准备一个故事并讲述给另一组学生，后者则需要根据听到的内容将图片按正确顺序排列，这样就产生了交际目的，因为听者有倾听和理解的需求。

6.5.5 任务型教学课堂模型

Willis 提出了由任务前阶段、任务循环阶段和语言关注阶段三个阶段组成的任务型教学模型。任务前阶段介绍话题和任务；任务循环阶段是计划和汇报任务；最后是语言关注阶段，对语言项目进行分析并进行语言练习。另一个常见的任务型语言教学模式，分别为任务前阶段、任务中阶段和任务后阶段。在任务前阶段，教师介绍单元主题，学习者为任务做准备。这种准备帮助学习者回忆完成单元所需的单词和短语，并学习完成任务所必需的关键词和短语。在任务中阶段，学习者以配对、小组，或有时单独的形式完成任务，任务可能是阅读任务、听力任务或解决问题的活动。之后，他们向全班口头报告或展示他们的完成情况和成果。在任务后阶段，重点是语言形式，这可能涉及一些结构或词汇。教师会和学生一起练习，并对他们的表现给予反馈。

更具体地说，在任务前阶段，教师介绍并定义话题，使用活动帮助学生回忆或学习有用的词汇和短语，确保学生理解任务的指令，教师还可能播放他人完成相同或类似任务的录音。学生从任务前的活动和/或录音中记下有用的词汇和短语，可能会花几分钟单独为任务做准备。

在任务循环阶段，任务步骤中学生成对或小组工作，可能基于录音或听力文本。教师充当监控者，鼓励学生。在计划步骤中，学生准备向全班汇报他们如何完成任务以及他们发现或决定了什么。他们排练要说的内容，或为全班撰写一份书面报告。教师确保汇报的目的明确，作为语言顾问，帮助学生排练口头报告或组织书面报告。在汇报步骤中，学生向全班展示他们的口头报告，或展示书面报告。教师担任主持人，选择下一个发言者或确保所有学生阅读大部分书面报告。教师可以简要反馈内容和形式，并可能播放他人完成相同或类似任务的录音。

在语言关注阶段，分析步骤中，学生参与意识提升活动，以识别和处理任务文本和/或文字记录中的特定语言特征。教师与全班复习每个分析活动，并引导学生注意其他有用的词汇、短语和模式。教师也可能从汇报阶段挑选语言项目。在练习步骤中，教师在分析活动后进行必要的练习活动，以增强学生的信心。学生练习分析活动中的词汇、短语和模式，以及任务文本或汇报阶段出现的其他特征。他们还将有用的语言项目记入他们的语言笔记本中。表6-1为任务型教学法各阶段教师和学生的主要活动。

表6-1　任务型教学法主要活动

阶段	教师活动	学生活动
任务前（介绍话题和任务）	1. 介绍并定义主题； 2. 通过活动帮助学生回忆或学习相关的词汇和短语； 3. 确保学生理解任务说明； 4. 可以播放他人完成相同或类似任务的录音	1. 记录任务活动和/或录音中的有用词汇和短语； 2. 可以花几分钟时间单独为任务做准备
任务循环（计划和汇报）	1. 作为督促者，鼓励学生； 2. 确保报告的目的清晰明确； 3. 充当语言顾问； 4. 帮助学生练习口头报告或组织书面报告； 5. 担任主持人，选择下一个发言者，或确保所有学生阅读大部分书面报告； 6. 可以对报告的内容和形式给予简短反馈； 7. 可以播放他人完成相同或类似任务的录音	1. 两人一组或小组完成任务，任务可能基于录音或听力文本； 2. 准备向全班汇报他们是如何完成任务的以及他们的发现或决定； 3. 练习他们将要说的内容，或起草一份书面版本供全班阅读； 4. 向全班做口头报告，或者分发/展示他们的书面报告
语言关注（语言分析和练习）	1. 与全班一起复习每个分析活动； 2. 引导学生注意其他有用的单词、短语和句型； 3. 可以回顾报告阶段中提到的语言项目； 4. 在分析活动后，根据需要进行练习活动，以增强学生的自信心	1. 进行意识提升活动，以识别和处理任务文本和/或抄本中的特定语言特征； 2. 练习分析活动中的单词、短语和句型； 3. 练习任务文本或报告阶段中出现的其他语言特征； 4. 将有用的语言项目记录在语言笔记本中

6.5.6　任务型教学具体流程

任务型教学法的教学流程是一个以学生为中心、注重实践和互动的过程。通过完成具体的任务，学生能够在实践中学习和掌握语言知识和技能。若教师遵循以下教学流程，则可大致判断其正采用任务型教学法进行语言教学。

6.5.6.1　任务前

（1）创设任务情境，设计任务时要提供给学生明确、真实的语言信息，使学生明白该做什么。

（2）呈现学习任务，在课上适时地呈现学习的任务，提出完成任务的方式及所要达到的目标。

（3）联系相关知识，让学生回忆、联系、列出所学的相关知识。

（4）介绍新语言点，对完成任务有帮助的新词汇加以介绍，为进一步展开任务打好基础。

（5）引起学习者注意，采用引起学习者注意、做任务计划等教学技巧。

6.5.6.2　任务中

（1）落实任务，设计数个微型任务，构成任务链。让每组同学讨论他们的发现，或是交流体验，并做好向全班同学汇报最后结果的准备。

（2）执行任务，学生采取结对或小组合作的形式执行任务，可以使用英语表达思想和观点而不必关注语言的正确性。教师在必要时予以指导和控制。

（3）计划报告，学生要做好向全班进行关于完成任务情况的汇报准备。

（4）汇报成果，每组派一名学生或数名学生分工就本组的任务执行情况进行汇报，汇报形式可以是 PPT 辅助下的口头汇报，锻炼学生的表达能力和口语水平。教师在学生汇报后给予适当评价，对学生在汇报阶段出现的语言错误进行分析，并对新单词、短语、句型以及语法知识加以讲解，使学生系统掌握语言规则，并指导学生对语言的重难点加以操练。

6.5.6.3　任务后

（1）归纳总结，指导学生归纳、总结语言、词汇和短语、重点句型和语言知识、话题表达方法等。采取的方式可以由学生先讨论，然后小组向全班展示任务结果。

（2）语言练习，学生在教师的指导下进行口、笔头练习语言难点，或者完成为巩固课文内容而设计的口、笔头练习。

（3）检查反馈，教师要检查任务完成情况和语言知识掌握情况，形式可以是学生自评、小组互评、教师总评。

6.5.7　任务型教学法和英语学习活动观

《普通高中英语课程标准（2017 年版　2020 年修订）》倡导一种以活动为基

础的方法，称之为英语学习活动观，认为这种方法更适合我国的语境。任务型教学法和英语学习活动观都强调活动的参与，让学习者通过动手实践来提升学习效果。这两种方法都优先考虑有意义的交流和理解，利用真实的学习情境来提高学生的语言能力。此外，它们都关注任务和活动背后的目的，鼓励在上下文中进行真实的语言使用，并将学习与学生的真实经历相联系。然而，这两种方法之间也存在差异。任务型教学法强调发展交流技能和语言能力，并且有明确的任务循环程序来指导学习过程。任务型教学法也注重真实任务的同化，但在实际应用中可能面临一定的挑战。英语学习活动观则更加强调全面教育个体，通过关键能力的培养来促进学生的成长。它关注解决问题和文本的主题探讨，强调知识和技能的综合学习以及新知识的构建。此外，它还重视语言、文化和思维过程的整合，旨在内化所学内容并促进高阶思维能力的发展。其异同点见表6-2。

表6-2　任务型教学法和英语学习活动观

<table>
<tr><th>方　法</th><th>不　同　点</th><th>相　同　点</th></tr>
<tr><td>任务型教学法</td><td>发展交流技能和语言能力。
指导学习过程的任务循环程序。
真实任务的同化，尽管在实践中可能难以实施。
基于活动的教学法强调</td><td rowspan="2">活动：让学习者参与动手活动。
意义：优先考虑有意义的交流和理解。
上下文：利用真实的学习情境。
目的：关注任务和活动背后的目的。
语言使用：鼓励在上下文中进行真实的语言使用。
与现实生活相关：将学习与学生的真实经历联系起来</td></tr>
<tr><td>英语学习活动观</td><td>通过关键能力全面教育个体。
解决问题和文本的主题探讨。
知识和技能的综合学习。
新知识的构建以及语言、文化和思维过程的整合。
内化所学内容，促进高阶思维能力。
在新情境中转移和创造知识。
文化和道德价值观，关注知与行的统一。
教师的明确角色和实践中的结构化程序</td></tr>
</table>

正如Vadivelu所提出的，目前已经进入了“后方法时代”。这一时代的特点在于，外语教学的成功不再依赖于单一的教学方法或固定的教学模式，而是更加关注根据具体情境和学习者的需求灵活调整教学策略和手段。在这个背景下，教学方法的选择不应仅仅基于传统的理论框架或固定的课程设计，而应根据不同学生的文化背景、学习风格、语言水平以及教学目标等多方面的因素进行定制。外语教学的关键在于能够适应这些不同需求，灵活运用多种教学方法和策略，从而在课堂中创造最有利的学习环境，确保学生能够取得最佳的学习效果。

这种灵活性要求教师不仅具备扎实的语言知识和教学技能，还应具备高度的适应性和创新精神。教师需要根据学生的反馈、课堂活动的效果以及教学过程中的观察结果，不断调整和优化自己的教学方法。例如，面对不同语言背景或能力水平的学生，教师可以选择任务型语言教学、交际法或情境教学等多种方法，确保每一位学生都能在合适的教学方式下充分发展语言能力。此外，教师还应鼓励学生主动参与到学习过程中，通过自主学习、合作学习等方式，提高学生的自主性和学习动机。

技能篇

7 中学英语的教材结构与教材分析

7.1 教材和教科书的定义

在现代学校教育体系中，两个关键概念在教学和学习过程中起着重要作用：教材（Teaching Materials）和教科书（Textbooks）。尽管这两个术语常常被交替使用，但它们在课堂教学中扮演着不同的角色，各自为教育做出独特贡献。

7.1.1 教材

“教材”在英语教育中的定义是教师或学生用来促进语言教学和学习的资源，既可以在课堂内使用，也可以在课堂外使用。这些资源种类繁多，包括音频和视频内容、字典、语法书、练习册、教师参考书以及复印材料，如单词卡片等。在中文中，这些教材被称为“教学材料”。

教材可以分为两大类：真实材料和非真实材料。真实材料是为非语言教学目的而创建的资源，但它们在语言技能发展中具有很高的价值，因为它们反映了真实的语言使用。报纸、照片、广告和广播或电视节目等都是真实材料的例子。这些资源通过展示日常生活中的语言使用，帮助学生更自然地理解词汇和语法。非真实材料则是专门为支持语言教学而设计的。这类材料包括练习册、教科书以及经过脚本编写的教学音频或视频文本。非真实材料针对具体的教育目标设计，侧重于特定的语言技能和学习目标。在课堂教学中，教师依赖这两类材料来创造一个平衡的学习环境，既包含真实的语言接触，也包含有结构的、有针对性的教学。

7.1.2 教科书

教科书是一种特殊的教材，甚至有时候被直接称为教材，它通常被定义为系统地解释某一学科内容的书籍。教科书与其他书籍不同之处在于它们专注于解释和结构化的学习。

在外语教学领域，特别是在我国，教科书是至关重要的资源。它们为教学提供了一个框架，通过合乎逻辑、井然有序的方式引导教师和学生完成课程学习。教科书经过精心设计，与教育标准和语言能力目标相一致，提供了一个循序渐进的语言学习方法。

7.1.3 教材与教科书的关系

教材和教科书都是英语课堂中不可或缺的资源和工具，但它们在教学设计和课程规划中发挥着不同的作用。当教师进行课程规划时，他们通常进行所谓的教材分析。教材分析包括研究教材的内容，包括教科书，以了解需要教授的内容及其呈现方式。

然而，在教师有效进行教材分析之前，他们首先需要对教科书进行分析。教科书分析是指考察教科书的组织、结构和特点，以理解教材的编排方式以及隐含的教学策略。教科书作为教材分析的基础，能帮助教师确定关键的学习目标、主题顺序以及可融入课程的补充活动或资源。为了设计有效的课程，教师必须首先理解教科书的组织和教学设计。只有这样，他们才能根据学生的需求调整或补充教材。因此，教科书不仅是教学指导的重要工具，也是课程规划的关键，为教师和学生的语言学习过程提供指导。

教材和教科书在英语教育领域中都是不可或缺的。教科书提供了一种有结构的学习方法，专门为教学目的设计，而教材则包括更广泛的资源，支持、增强并为学习体验增添多样性。深入理解这两者对于有效的教学和学习至关重要，因为它们相互补充，为中学教育提供全面的学习体验。

7.2　中学英语的教材结构分析

教科书是一种特殊的教学资源，有时“教材”一词直接指代教科书。根据命名惯例，本章中的教材结构分析实际上是指教科书的结构分析。

目前，我国中学英语教材的主要版本包括人教版、沪教版、沪外版、仁爱版、外研版、冀教版、译林版、北师大版、鲁教版、人教新目标版以及牛津上海版。在广西壮族自治区，使用最广泛的教材版本为人教版、外研版和译林版。因此，本章的教材结构分析主要以这三个版本为例。

7.2.1　人教版《普通高中教科书　英语》

《普通高中教科书　英语》是人民教育出版社为高中编写的一本重要教材。该教材以单元为基础组织，最新版本由开篇页（Opening Page）、听力与口语（Listening and Speaking）、阅读与思考（Reading and Thinking）、发现实用结构（Discovering Useful Structures）、听力与交谈（Listening and Talking）、阅读与写作（Reading for Writing）、进度评估/项目（Assessing Your Progress/Project）以及视频时光（Video Time）8部分内容构成，如图7-1所示。

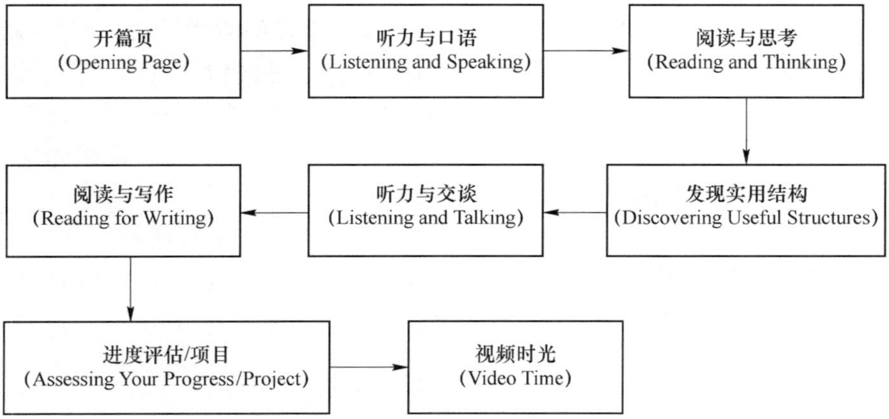

图7-1　人教版《普通高中教科书　英语》内容构成

7.2.1.1　开篇页（Opening Page）

开篇页通过生动的图片引导学生深入思考单元主题。通过这些引人深思的视觉材料，学生能够在进入正式课程前对主题产生联系和反思。另外，开篇页还展示学习目标及活动任务，呈现与单元主题有关的名言警句，抛出与主题相关的讨论问题，鼓励学生结合自身背景知识、体验和经历参与讨论。

7.2.1.2　听力与口语（Listening and Speaking）

听力与口语部分以听力为主，口语为辅。该部分围绕主题提供语言输入材料，涵盖语境、语篇、语言、语用和文化等方面。听力部分的活动过程完整，包含听前、听中和听后三个阶段，旨在帮助学生发展听力策略，进而有效地获取、分析和处理信息。此外，还鼓励学生根据所听内容进行表达，并通过语音专项知识的复习与强化，提升听说能力。

听前活动：通过图片或多模态语篇输入语言和文化信息，激活多种学习模式，为即将进行的听力任务做好准备。

听中活动：提供与主题相关的口头语篇，涵盖语篇、语言、语用和文化知识，培养学生多样化的听力技能和策略。

听后活动：基于听力文本内容或相关补充信息提问，鼓励学生进行表达。同时提供简短的口语篇章，供学生模仿练习，提升口语能力。

7.2.1.3　阅读与思考（Reading and Thinking）

阅读与思考部分提供与单元主题紧密相关的语篇，输入语言、语用和文化知识，帮助学生加深对主题的理解。该部分遵循完整的阅读过程，包含读前、读中和读后三个阶段，依托题材和体裁特点，开展丰富多样的阅读活动，旨在培养学生的阅读技能和策略（如把握主旨、寻找细节信息、理解作者意图等）。通过这种过程，学生能够在语境中感知、内化并理解语言，进而学会正确运用语言。此外，学生还被鼓励结合自身经历或体验探讨与语篇相关的问题，从而培养批判性思维与创新能力，同时渗透情感态度价值观的教育。

需要注意的是，在旧版教材中，这一部分被称为“阅读与理解”。从“阅读与理解”到“阅读与思考”的变化，反映了对学生认知和思维技能培养的更深层次关注，符合 2017 年发布的《普通高中英语课程标准》的要求。

7.2.1.4　发现实用结构（Discovering Useful Structures）

发现实用结构部分鼓励学生自主探究、发现和总结语言结构的功能和意义。该部分根据单元主题创设语境，让学生通过不同层次的语法练习和活动，进一步感知、理解并运用语言，从而深入理解语言结构，同时获取相关的文化信息。

7.2.1.5　听力与交谈（Listening and Talking）

听力与交谈部分强调口语为主，听力为辅。它重新引入与单元主题相关的输入内容，包括语境、语篇、语言和文化，训练并强化听力技能和策略。根据口语输出任务提供必要的语言支持，帮助学生掌握相关功能性语言项目及其语用功能，并通过语境创设，促进学生自主表达，实现语言输出。

7.2.1.6 阅读与写作（Reading for Writing）

阅读与写作部分基于单元主题和书面语言输出目标，提供篇幅适中、体裁多样、结构清晰的阅读材料。这些材料具有各自独特的语言和文化特色。该部分训练学生的阅读技能与策略，着重培养学生分析文体结构和语言特色的能力。通过引导学生完成过程性写作，帮助他们实现语言输出，并鼓励学生对自己的写作成果进行自我评价。

7.2.1.7 进度评估/项目（Assessing Your Progress/Project）

进度评估部分帮助学生评估对重点词汇和目标结构的掌握情况。学生可以回顾和反思本单元所学内容，进行自我评估，并通过项目活动展示综合语言技能。通过这些活动，学生不仅能够激发自我学习动机，还能培养团队合作意识和动手能力。

7.2.1.8 视频时光（Video Time）

视频时光部分提供与单元主题密切相关的视频内容，让学生通过观看真实的场景，开阔视野，增强对中外文化的理解。同时，这一部分还培养了学生的视觉技能和策略，提升了他们的信息处理能力和思维分析能力。

7.2.2 外研版《义务教育教科书　英语》

2024 年外语教学与研究出版社出版的《义务教育教科书　英语》初中教材于 2024 年 9 月秋季学期投入使用，除了七年级上册增设了小初衔接单元，每册都由 6 个单元组成，每个单元由 5 个板块构成，分别为背景激活（Starting Out）、主题理解（Understanding Ideas）、思维拓展（Developing Ideas）、主题实践（Presenting Ideas）、自我评价（Reflection），如图 7-2 所示。

图 7-2　外研版《义务教育教科书　英语》

《义务教育教科书　英语》初中教材的每个单元，在正式进入背景激活板块之前，都会在每个单元开卷页设计一系列与主题相关的问题，旨在激发学生思考，促进师生互动，并明确展示单元的核心任务，确保整个单元的教学流程与目标都紧密围绕这一任务展开。此外，单元的学习目标也清晰地罗列在开卷页上，目标的表述充分体现了运用所学语言完成与主题相关活动的教学理念。

7.2.2.1　背景激活（Starting Out）

这一板块旨在通过图片、视频、讨论或小游戏等形式，激发学生的学习兴趣，激活他们与单元主题相关的背景知识，为后续学习做好铺垫。

7.2.2.2　主题理解（Understanding Ideas）

本板块是单元的核心部分，通过阅读文本材料学习，引导学生深入理解单元主题，掌握关键词汇、语法结构和表达方式，同时渗透文化和情感态度价值观教育。

7.2.2.3　思维拓展（Developing Ideas）

本板块遵循“先输入，后输出”的语言学习原则。学生首先通过聆听与阅读，吸收与主题相关的语言知识；随后，他们运用这些知识进行口语与书面表达，掌握必要的语言技能，进一步拓展思维。

7.2.2.4　主题实践（Presenting Ideas）

本板块强调语言的实际应用，完成单元核心任务。学生通过项目展示、演讲、报告等形式，将所学知识应用于实际情境中，提升语言运用能力和团队协作能力。

7.2.2.5　自我评价（Reflection）

最后一个板块引导学生回顾本单元的学习内容和学习过程，进行自我评估和反思，帮助他们认识到自己的学习进步和不足之处，为后续学习设定目标。

7.2.3　译林版《英语》

2024年译林版义务教育教科书初中英语教材《英语》以模块为大单位，每个模块包含4个单元，每个单元包含7个板块，分别为导入（Welcome to the Unit）、阅读（Reading）、语法（Grammar）、语音（Pronunciation）、综合（Integration）、评价（Assessment）、拓展学习（Further Study），每4个单元围绕一个大主题，之后呈现模块课题（Project），如图7-3所示。

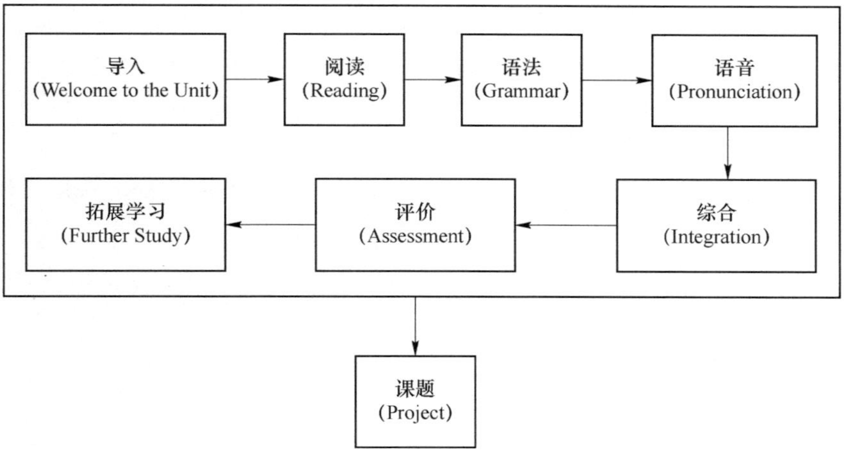

图7-3 译林版《英语》内容构成

译林出版社的初中英语教材《英语》每个单元首页呈现单元主题、单元概览、学习情境和任务，带领学生进入学习单元。

7.2.3.1 导入（Welcome to the Unit）

利用图片、简短的对话文本、视频等多种形式激活学生的已有知识，激发学习兴趣。

7.2.3.2 阅读（Reading）

阅读是单元的学习重点，探究人与自我、人与社会、人与自然相关的主题，所选阅读材料均与学生的学习、生活有一定的联系，内容丰富，题材广泛、多样。

7.2.3.3 语法（Grammar）

引导学生自主发现和归纳语法规则，并在语境中运用语法知识。使用目标语言介绍语法规则，可以帮助学生更深入地沉浸在英语环境中，培养学生的英语思维习惯，减少母语干扰。

7.2.3.4 语音（Pronunciation）

呈现语音知识，帮助学生准确地拼读、记忆单词，了解语音、语调的变化，训练语音发音，从而更好地理解别人和表达自己。

7.2.3.5 综合（Integration）

聚焦听、说、读、看、写技能的融合，培养学生综合运用英语的能力。

7.2.3.6 评价（Assessment）

提供多维度的评价方式，结合自评和他评，让学生体验收获的快乐，反思和弥补自己的不足。

7.2.3.7 拓展学习（Further Study）

推荐更多学习资源，供学生自主探究主题，提升学习能力。

7.2.3.8 课题（Project）

课题的任务要求明确、步骤清楚、语境真实，旨在让学生运用跨学科知识，开展合作学习和探究学习，践行学思结合、用创为本的英语学习活动观，体验“用英语做事情”。

7.3 教材内容的整合

教材有广义和狭义之分。在英语语言教学中，广义的教材指的是教师和学生课堂内外所使用到的一切材料，如课本、教师用书、工具书、补充读物、挂图、音频、视频、幻灯片及其他的教学辅助用具；而狭义的教材指的是课本、教科书。对于中学英语教师而言，教材是教学内容的主要载体，也主要指课本或教科书，是教学设计的关键要素。

在我国，中学英语教材是以话题为基础，一个完整的话题学习在英文名称上可能是 Unit、Module、Section 或是 Chapter，但学习内容一般会包括“词汇、课文、语法、听说读写，以及文化知识、学习策略等”，从语言知识、语言技能、情感态度、文化意识和学习策略五个方面培养学生的综合语言运用能力。由于教学时间有限，也为了学生的长远发展，一个完整的话题会被分成 2 ~3 个部分，每一部分侧重的是不同的语言知识学习和语言能力训练活动。然而，不存在完美的教材，有时教材本身在内容或者编排上也会存有一些不足，如某些教学活动的趣味性不强、教师在进行教学时要意识到只是使用教材来教学，而不是教材。要根据学生的实际情况、教学时间安排等决定哪些材料可用，哪些材料不可，对教材内容进行适当的整合，从而优化教学设计，提高课堂实效。

7.3.1 教材整合的类型

概括起来，整合教材内容的类型主要有延伸、扩展、删减、修改、简化、调整顺序。延伸和扩展虽然都是增添内容，但延伸是增添的和教材水平相当的内容，而扩展是增添新的活动任务。删减也有两个层面：一是减少教材内容数量长度；二是直接删除教材难度太大或太小的内容。修改主要有两类：一类是直接更改教材内容，如阅读课文中阅读理解的问题，目的是引发学生思考；另一类是重组教材的活动任务。简化也称为改叙，是修改的一种，但是简化一般只运用在文本阅读，如对文本的长难句、数量较多的词汇，教师用简单句和学生已经学过的词汇进行讲授、解释。调整顺序指教材安排次序的单元（Unit、Module、Section 或是 Chapter）或单元里专项活动任务的改变。

7.3.2 教材整合的范围

教材整合主要有以下三种情形：第一种情形是宏观层面整合，即整本教材的整合，教师根据课程或考试要求决定整本教材里哪些内容，甚至是哪些单元可以省略，哪些知识内容需要补充；第二种情形是单元整合，比如整合单元的顺序，这里的单元不仅仅是指 Unit，也指 Module、Section 或 Chapter；第三种情形是单元里的专项活动的整合，即微观层面整合。由于中学英语教材，特别是初中英语教材中的语法点和词汇学习是按照初中生的学习认知规律排序，因此一般不会对中学英语教材安排次序的单元进行整合。而且由于教学时间有限，教师在进行教学设计时是按照时间进度来设计的，一般设定 40 ~ 50 分钟的具体计划；因此本书所指的整合教材内容是微观层面的整合，一个完整话题中每一部分的内容的整合，即第三种情形——单元里的专项活动的调整。

7.3.3 教材整合的要求

教师在教学中整合教材内容是很有必要的。在以往的教学设计中，多数教师按部就班，依据教材按图索骥，规规矩矩从头到尾按照教材内容顺序进行设计。然而，教学设计（Instructional Design）与教案（Teaching Plan）不一样，教学设计在属性上是一种设计，要从设计的角度出发。教学设计其中的一基本特征是创造性与选择性。没有对教材内容进行整合的教学设计只能是传统意义的“教案”或者说是“备课”，基本是基于教师的教学经验而进行，这样的教学设计没有从学生的角度和激发学生的兴趣出发，只是一种教案书写。但是教师也不能为了整合而整合。教材整合要符合以下几个方面的要求：首先，整合教材内容要基于二语习得理论与实践，从学生角度出发，遵循学生的思维发展和认知规律；其次，不随意设计超越单元话题与任务活动之外的教学内容，脱离整体的话题语境，过多“加料”；最后，不能忽略单元本身的整体特性。教师首先要吃透教材，全方位把握教材，由浅入深，由易到难，才能收放有度地进行教学设计。

7.3.4 整合教材内容，优化教学设计思路

本节试以外研版初中英语七年级上册第四模块“Healthy food”的第二单元“Is your food and drink healthy?”为例（2012 年教育部审定版），探讨如何整合教材内容，优化教学设计。

外研版初中英语教材以模块（Module）划分，每个模块分三个单元（Unit）：第一单元的课程类型为听说课（Listening and Vocabulary；Pronunciation and Speaking）；第二单元为读写课（Reading and Vocabulary；Writing）；第三单元为语言运用（Language in Use）。教材的编排上遵循了任务型教学法的特点，每个单元其实就是语言专项活动的学习。

在对第二单元“Is your food and drink healthy?”进行教学内容分析时得知，课型为读写课；主要内容/话题是哪些是健康饮食，哪些不是健康饮食；语言点主要是继续有关食物的词汇，连词“but”的使用；传达的价值观是学生要在日常生活中养成健康的饮食习惯。

7.3.4.1 调整教材顺序，精心设计导入

本单元是读写课，按照二语习得理论，语言输入先于语言输出，而且“学生需要的具有知识含量高、信息量大的输入也必须通过阅读来实现”。为此，整合教材内容，进行教学设计时应该把教学中心——单元文本放在第一位，利用文本信息，进行导入。同时也要根据学生认知规律、坚持从易到难，但这并不意味着教学设计按部就班，一开始就是脱离语境的词汇学习。

从整体上分析了整个单元的教材内容之后，发现首先可以运用“Healthy food and drink for children”这篇短文阅读最后的建议内容部分，利用多媒体教学 PPT 设计语境，进行导入设计，内容如下，如图 7-4 所示。

I didn't feel very well yesterday. I got a stomachache. Because I ate too much ice cream yesterday. I went to see a doctor. The doctor told me not to eat too much ice cream, and gave me some healthy tips:

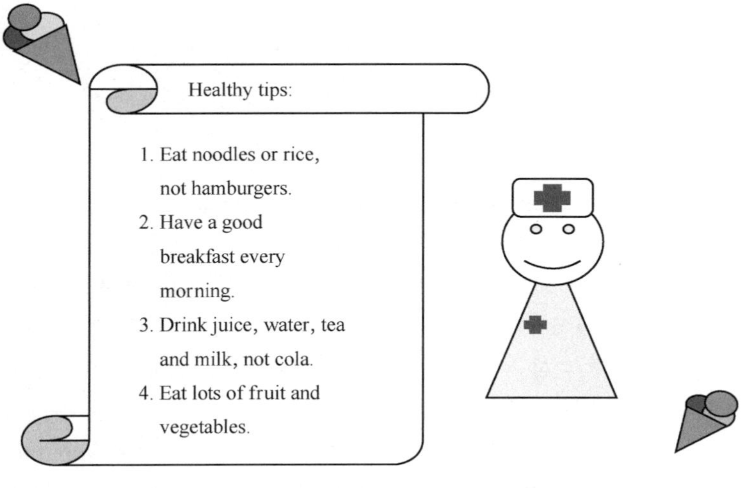

彩图

图 7-4 调整教材顺序的导入环节

经过调整教材内容顺序，通过融合信息技术，创设话题情境进行导入，不但激发了学生的学习兴趣，而且学生对将要学习的语言知识也会有初步的感性认知，从而优化了教学设计，加上旁边医护人员的动画，使导入变得栩栩如生。同时，也没有脱离语境的广度、深度去过度伸延。

7. 3. 4. 2 删减教材内容，开展词汇呈现

一般是教师呈现新的语言内容。在词汇呈现部分，很多教师都只是按照教材内容出现的单词，或者本单元的单词表的顺序完整呈现词汇。然而，社会建构主义理论认为课堂上教师应该呈现的是学生不懂而且需要教师引导的知识，而不是学生已经懂了或者学生通过自学就可以学到的知识。但如果通过压缩删减教材内容，配上图片在视觉上刺激学生的求知欲，而不是简单重复学生已懂的知识，就会激起学生的兴趣，因此教师可以进行如下设计，如图 7-5 所示。

We can find there are many words about food and drink in this healthy tips. We have learned some in unit 1 in this module. Now we are going to learn more words about food and drink in unit 2. But since some new words about food and drink you have known the meanings by yourselves, so we are just going to learn you some you don't know. After that, let's do a matching game.

彩图

图 7-5 删减教材内容的词汇呈现

虽然本单元教材中需要学习的食物单词有 bread、fish、hamburger、ice cream、noodle、rice、sugar、egg、cheese、soup 等，但并不需要一一罗列出来给学生，要充分考虑到学生对一些食物的单词已有了解，对于学习难度不大或学生通过中文意思就可以理解的单词，可以通过删减呈现，之后教师领读，再通过练习检查即可。而对于本单元第 2 项活动 "Label the pictures with the words and expression from the box" 在进行教学设计时可以视课堂时间和学生情况当堂完成或留做家庭作业。

7. 3. 4. 3 修改教材内容，创新阅读任务

长期以来，英语阅读教学主要采用自下而上的教学模式，教师首先讲解新单词新句型，然后逐句讲解课文，在学生完全理解单词和课文意思之后再进行相应

的任务活动，殊不知，这样的阅读教学模式会让学生养成依赖习惯，不利于学生阅读能力的提高。教师在进行教学设计时应结合话题，设置任务，通过完成任务帮助学生领会篇章的主要内容，形成阅读策略，提高语言学习策略。本单元的短文阅读后教材设置的任务是表格填空，要求学生在阅读短文之后把短文里有关饮食的单词归类为 healthy food and drink 和 unhealthy food and drink，见表 7-1。

表 7-1　教材中的表格填写

Healthy food and drink	Unhealthy food and drink

任务型语言教学法是教育部制定的中学英语课程标准所推荐和提倡的外语教学法，特点是在做中学，用语言做事。Littlewood 的任务教学框架认为任务教学应从注重语言形式（练习）到注重交际（任务），从非交际性的学习（非语境化）到真实交际，创造性地表达自己的想法。框架帮助教师消除了概念上所存在的误区，同时也表明任务型语言教学法的理念是语言应在实际生活中使用，因此在教学设计时，英语教学应不止步于任务的语言练习形式，而应创造真实情景，让学生在尽可能真实的语境中使用语言。教师可以修改教材内容做如下设计，如图 7-6 所示。

Please imagine we are in the supermarket. Your mum wants you to choose some healthy food for your family. Now read the text as you are listening to the audio, buy some healthy food and drink, and put them into the supermarket cart.

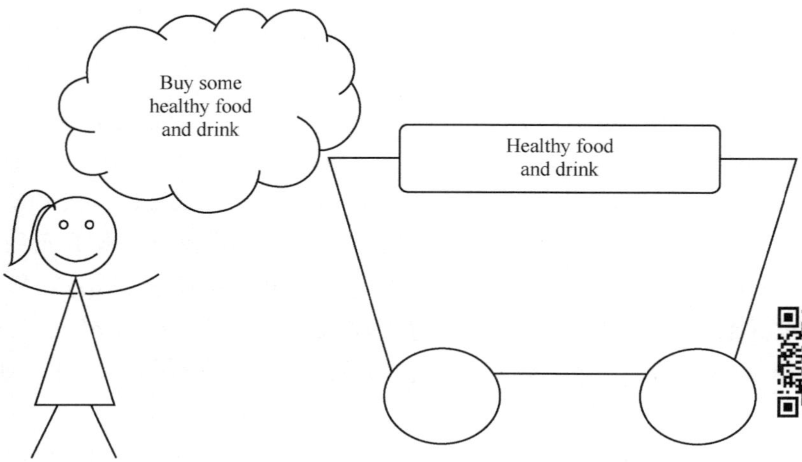

彩图

图 7-6　修改教材内容的创新任务

经过修改的任务增添了话题情景，学生带着任务去阅读，提高了阅读的兴趣。同时，利用了教材文本的情感教育功能，教育学生在日常生活中养成健康的饮食习惯，充分挖掘了语言深层含义和文本的价值，培养了学生思维能力，丰富了学生的人文知识涵养。

7.3.4.4 延伸教材内容，提升语言输出

在完成了语言输入之后，就是学生的语言输出，本单元的语言输出是用 but 连接两个简单句。“温故而知新，可以为师矣。”在这部分的教学首先还是设计让学生通过观察文本先圈画出 and 和 but，学生通过对比，既可以复习 and 的使用，更可以加深对 but 的理解，设计如下，如图 7-7 所示。

Now it's your time to do some practice. Please underline the healthy food and drinks in blue lines. Underline the unhealthy food and drinks in red lines. Meanwhile, circle the words “*and*” and “*but*”.

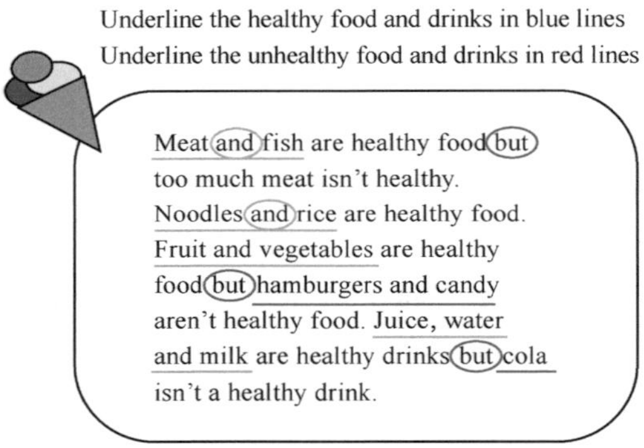

彩图

图 7-7 延伸教材内容的语言练习

由浅入深、由易到难，辅助 PPT 动画效果，通过以上设计之后，学生就可以完成本单元的第 6 项任务活动“Now join the sentences with *but*”。然而，这部分的设计只是语言训练活动，如果按照 PPP（Presentation, Practice and Production）课堂模式，还缺少了 Production，语言产出或语言运用活动。本单元的第 7 项活动“Complete the sentence about yourself”是本单元的语言运用活动，然而，教材内容所给出的只是短短的一个句子模式“*... and... are healthy food but... and... are my favourite food.*”这就需要教师通过延伸，进行如下设计，如图 7-8 所示。

Please have a discussion with your desk mates. Use *and*, *but* to write a short speech, after ten minutes, some students will be invited to give their speeches.

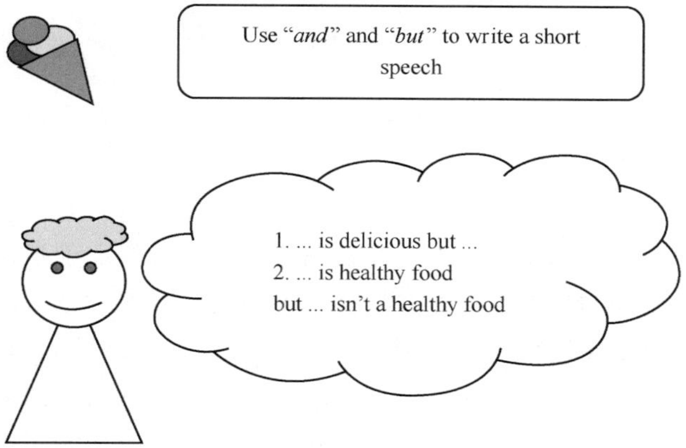

彩图

图 7-8　延伸教材内容的语言输出

经过延伸教材内容的教学设计，任务活动增加了趣味性，提高了学生的篇章写作能力，训练了学生的语言知识和技能的同时更进一步引导学生思考健康日常饮食，充分利用了教材内容为教学目标服务。

整合教材内容，创造性使用教材，让教师从教材的使用者变成教材的开发者，从“教师”到“教学设计师”，同时教师要充分考虑学生的区域差异和个体差异，教学设计以学生为基础，教材整合是为了能更好地引导学生，提高学生的综合语言运用能力。

7.4 教材分析

在中学英语教学中，教师首要的任务是对所教授的内容进行分析，这一过程通常被称为教材分析。在教材分析中，“教材”主要指对话文本或阅读篇章文本。因此这一过程很多时候也被称作文本分析。教师之所以要进行教材分析，是因为这有助于他们全面理解教学内容及其结构，从而能够准确把握教学的重点与难点，设定清晰明确的学习目标，并根据学生的实际需求对教材内容进行适当调整。教材分析确保了课程结构的合理性、教学内容的相关性和有效性，为教师提供了一个清晰的框架，用以指导学生进行语言学习，并帮助他们理解文本中蕴含的文化背景因素。此外，这一过程还使教师能够预见学生在学习过程中可能遇到的挑战，并据此规划出适当的教学策略，以有效应对这些问题。

一般而言，分析教材时应考虑主题、中心思想、文本类型或体裁、主要学习内容以及道德价值观几个方面。

主题指的是文本的总体主题。根据英语课程标准，主题大致可分为“人与自我”“人与社会”“人与自然”三大类。准确把握主题有助于突出课程的核心要点。

中心思想：通过提问“这篇文章是关于什么的”来提炼文本的主要概念或中心思想，这有助于概括材料的主旨或目的。

文本类型或体裁：细致分析文本的类型或体裁，如对话、戏剧、议论文、记叙文或说明文等。这有助于教师选择恰当的教学方法和活动，以更好地适应不同类型文本的教学需求。

主要学习内容：包括语言内容（即语言知识和技能）和文化信息（如特定群体的风俗、习惯和行为）。例如，从文本中识别出节日、饮食习惯和社会行为等文化信息。

道德价值观信息：深入挖掘文本中传达的道德价值观，如社会核心价值观、世界观、政治观、道德观、人生观、法制观以及校园文明行为等。这些道德元素有助于将价值观和伦理教育融入课程教学之中。

教师可以围绕“是什么（What）”“怎么样（How）”“为什么（Why）”这三个核心点，将材料分析精练为以下三个关键问题。

是什么（What）：这篇文章是关于什么的（包括主要主题和具体内容细节）。

怎么样（How）：这篇文章是如何组织以传达其意义的（例如结构组织、体裁或语言特征）。

为什么（Why）：文章的撰写目的何在，学生又能从中汲取到哪些道德启示与文化内涵。

以下是一则教材分析例子：*A Pioneer for All people* is a biography introducing Yuan Longping's life and achievements. The theme of the text is "man & society". The learning contents include the use of "-ing" forms functioning as a subject or object; verbs followed by the infinitive; and skimming the passage to obtain the main idea and scanning the passage to summarize Dr Yuan's biography and personality. The aim of moral education is to enhance students' love and sense of belonging to China and educate them about the admirable qualities of a great person.

这则教材分析包括了中心思想和文本类型：A Pioneer for All people is a biography introducing Yuan Longping's life and achievements. 主题：The theme of the text is "man & society"。主要学习内容：The learning contents include the use of "-ing" forms functioning as a subject or object; verbs followed by the infinitive; and skimming the passage to obtain the main idea and scanning the passage to summarize Dr Yuan's biography and personality. 所传达的道德价值信息：Moral education aim is to enhance students' love and sense of belonging to China and educate them about the admirable qualities of a great person.

该分析全面涵盖了 5 个方面，为教师明确教学目标和确定重难点提供了有效帮助。但需要指出的是，教材分析中的价值信息的挖掘并不是一成不变的，应结合时代背景、社会热点，体现时效性。

8　英语教学目标与教学重难点

8.1　目标的定义

在英语教学设计中，“目标”可译为“aim”或“objective”，但两者有所区别。“aim”通常指课程的总体目标，它是长远的、宏观的，描述的是教师对整门课程或学习过程的期望，如“to teach the students to communicate effectively in spoken and written English（教学生有效地用英语进行口头和书面沟通）”或“to allow them to read modern English in the original（让他们能够阅读现代英语原文）”。

相比之下，“objective”则更为具体、可达成，往往可以在一节课内实现。它以学生为中心，关注的是学生在课程结束时能做什么。例如，“to use present continuous tense to describe an action（使用现在进行时描述一个动作）”或“to be able to ask and give directions（能够问路和给出方向）”。由于一节课堂时间通常只有40分钟或45分钟，因此目标应是具体且可实现的课时目标，这也是英语教学设计的教学目标的表述是“objective”而非“aim”的原因。

“目标”还可以具体命名为“教学目标”（Teaching objective）或“学习目标”（Learning objective）。教学目标由教育工作者设定，概述他们在课堂或课程中计划实现的内容，侧重于教学方法、内容覆盖和促进学习的策略。而学习目标则描述学生在教学后预期达到的水平，强调学生将获得的知识、技能或态度。

基于以学生为中心的理念，“学习目标（Learning objective）”这一术语或许更能体现目标设定的核心本质。但鉴于“教学目标（Teaching objective）”在教学设计中的传统用法和演变，本章节暂不对两者进行严格区分，而是将重点探讨目标设定的理论依据和具体表述方式，沿用“教学目标（Teaching objective）”这一术语。

8.2　英语教学目标预设的理论依据

英语教学目标设定的理论基础主要包括布鲁姆的教育目标分类理论、英语学科核心素养框架、英语学习活动观、单元整体教学设计理念，以及“教学评”一体化原则等。鉴于这些理论在实际教学实践中的应用广度、重要价值及其理解的难易程度，本章节将重点探讨布鲁姆的教育目标分类、英语学科核心素养及英语学习活动观三大核心预设理论的具体应用。通过深入分析，旨在帮助师范生理解如何有效运用这些理论指导教学实践，提升教学质量与学生的学习成效。

8.2.1　布鲁姆的教育目标分类

布鲁姆教育目标分类是教学目标设计的黄金法则。从教育心理学的角度，它将教学目标分为记忆、理解、运用、分析、评价和创新6个层次，每个层次都代表了学生在认知过程中不同的发展阶段，这有助于教师更清晰地了解学生的认知发展规律，从而制定出更加科学合理的教学目标。

记忆（Remembering）：是指对经历过的事物（知识）的识记、保持、再现或再认。这一层次所涉及的是具体知识或抽象知识的辨认，虽然机械，但对学习和解决更复杂的问题来说是必不可少的基础环节。

理解（Understanding）：是指将获得的新信息与原有知识产生有意义的联系，并纳入已有的知识结构中。理解不仅是记住知识，更重要的是能够领会知识的含义，能够用自己的话解释或阐述知识。

运用（Applying）：运用是指利用某种方法或程序完成特定的任务，将所学的概念、法则、原理等运用到新的问题和情境中。这一层次强调知识的实际运用，要求学生在新的情境下能够灵活地运用所学知识。

分析（Analyzing）：是指将整体材料分解成它的组成部分，确定部分之间的相互关系以及各部分与总体结构或总目的之间的关系。分析要求学生具备批判性思维能力，能够深入理解问题的本质和内在联系。

评价（Evaluating）：是指基于准则和标准作出判断，对材料（如论文、观点、研究报告等）作价值判断的能力。评价要求学生具备独立的判断力和价值观，能够理性地、深刻地对事物本质的价值作出有说服力的判断。

创新（Creating）：是指将要素组成内在一致、功能统一的整体或形成一个原创产品，强调创造能力，需要产生新的模式或结构。创造是认知领域里教育目标的最高层次，要求学生具备创新思维和创新能力，能够提出新的想法、解决方案或创造新的作品。

为了确保学生在所有学习层次上都能完成学习任务，教师需要精心设计问题和活动，以激发学生的思维并促进他们的全面发展。以下是根据布鲁姆教育分类目标的6个层次，为教师提供的问题设计和活动安排建议，见表8-1。

表8-1 教育目标分类设计的问题和活动

层次	问 题	活 动
记忆	Where、When、Who、What	—Memory Game (e. g. , match pairs) —Picture and Speak (point & describe)
理解	How、Why	—Charades (guess words/phrases) —Story Sequencing (reorder paragraphs)
运用	How is it used、How does it work	—Role Play (simulate dialogues/scenes) —Language Tasks (e. g. , write an email)
分析	Why is it used、Why does it work、What is the cause、What is the reason、What does it infer、What does it suggest	—Text Analysis (discuss style, themes) —Find "Same and Different" (compare texts)
评价	What is the effect、What is the impact、What is the result、What if、What would happen、What could happen	—Debate or Discussion (evaluate viewpoints) —Evaluate a Game(consider fun,effectiveness)
创新	What can you design、How would you develop、What can you plan、What could you produce、How can you innovate、What can you invent	—Creative Project (e. g. , video, script, game) —Innovation Workshop(brainstorm & prototype)

记忆层次的问题通常与“Where”（哪里）、“When”（何时）、“Who”（谁）和“What”（什么）这些疑问词紧密相关。例如：Where did the story take place?（这个故事发生在哪里?）、When was the event mentioned in the text?（文本中提到的事件是什么时候发生的?）、Who are the main characters in the play?（戏剧中的主要角色有哪些?）以及 What is the capital of France?（法国的首都是哪里?）。为了帮助学生记忆词汇或关键信息，教师可以设计一个记忆游戏（Memory Game），如“翻牌配对”游戏。此外，教师还可以展示图片，并要求学生指出图片中的关键元素，同时对其进行描述，如“看图说话”（Picture and Speak）。

理解层次的问题常常围绕着“How”（如何）和“Why”（为什么）这两个核心疑问词展开。例如：“How did the protagonist solve the problem?”（主人公是如何解决问题的?）以及“Why did the author choose this particular setting?”（作者为何选择了这个特定的背景?）。为了加深学生的理解，教师可以通过丰富多样的活动引导学生深入思考。例如，他们可以运用 Charades（你画我猜）游戏，通过肢体语言或描述来引导学生猜测单词或短语；还可以采用 Story Sequencing（故事排序）活动，提供一段打乱顺序的故事段落，要求学生按照逻辑顺序重新排列，从而检验他们对故事情节的掌握程度。

运用层次的问题与“How is it used”（它是如何被使用的）以及“How does it work”（它是如何运作的）紧密相关。例如，“How is the present continuous tense used in this sentence?”（这句话中是如何运用现在进行时的?）以及“How does the dialogue in the play reflect the characters'personalities?”（戏剧中的对话如何体现角色的个性?）。在活动中，学生可以分组进行角色扮演（Role Play），模拟对话或场景，比如“假装搬进新家”，以此实践语言的实际运用。或者，可以设计一系列语言任务（Language Tasks），例如编写一封电子邮件、制订一个旅行计划等，要求学生运用所学的语言知识。

分析层次的问题与以下提问密切相关：“Why is it used”（为何使用）、“Why does it work”（为何有效）、“What is the cause”（原因是什么）、“What is the reason”（理由是什么）、“What does it infer”（它推断出什么）、“What does it suggest”（它暗示了什么）。例如：“Why is this character's action important to the plot?”（这个角色的行为为何对情节如此重要?），“What does the author's choice of words suggest about the mood of the scene?”（作者选词如何暗示场景氛围?）。在活动安排上，可以将分组进行文本分析（Text Analysis），深入探讨作者的写作风格、主题及象征意义；或者通过对比两篇文本或两个角色的异同（Find “Same and Different”），来剖析其背后的原因及影响。

评价层次的问题通常与以下提问紧密相关：“What is the effect”（效果如何）、“What is the impact”（影响如何）、“What is the result”（结果是什么）以及“What if”（如果……会怎样）、“What would happen”（将会发生什么）、“What could happen”（可能发生什么）。例如：“What is the impact of the protagonist's decision on the other characters?”（主人公的决定对其他角色产生了怎样的影响?）、“What would happen if the setting of the story was changed?”（如果故事背景发生改变，将会怎样?）。在活动安排上，可以组织辩论或讨论会（Debate or Discussion）；或者针对文本中的某个观点或决策开展评价活动（Evaluation）。

创新层次的问题涉及“What can you design”“How would you develop”“What can you plan”“What could you produce”“How can you innovate”“What can you invent”，例如：“What can you design to make learning English more fun?”（你能设计什么来让学习英语更有趣?）、“How would you develop a new language learning app?”（你会如何开发一个新的语言学习应用程序?）。在活动安排上，可以鼓励学生分组设计一个创新项目（Creative Project），如制作一个英语学习视频；编写一个原创剧本；或开发一个语言学习游戏；或者组织创新工作坊（Innovation Workshop），提供资源和指导，让学生动手实践他们的创意想法。

以下是一组与“房间和家具”主题相关的教学目标，并根据布鲁姆教育目标分类学的6个层级进行设计。这6个层级从最低的认知要求（记忆）到最高的认知能力（创造）逐步递进，培养学生从基础知识到高阶思维能力的全面发展，见表8-2。

表8-2 基于布鲁姆教育目标分类的教学目标

层次	教学目标
记忆	Students will correctly write the names of common rooms with proper spelling and handwriting
理解	Students will name furniture in the living room and bedroom and explain their functions
运用	Students will construct sentences about rooms and ask questions using “Where is... ” “Are they... ”, etc.
分析	Students will compare and contrast rooms based on their functions and furniture
评价	Students will assess whether a room’s furniture layout is functional and suggest improvements
创新	Students will design a room layout and justify their furniture choices in writing or through a presentation

在记忆层次，学生需要回忆并准确书写房间的名称（如客厅、卧室、厨房、浴室），确保拼写和书写正确。这一目标的重点是记住并复现基本信息，比如房间的名称。这是认知学习的基础，为后续更高层次的学习打下了知识储备。

在理解层次，学生需要识别家具（如沙发、床等），并能说明这些家具的用途（e. g. ,“A sofa is for sitting”“A bed is for sleeping”）。这一目标要求学生不仅能够识别物品，还能够理解其用途，体现了对家具功能和房间关系的基本理解。这是从单纯记忆到应用知识的过渡。

在运用层次，学生需要将所学知识应用于实际情境中。使用句型（如“Where is... ”“Are they... ”“Is she... ”）进行提问和回答，讨论房间或家具的位置，目标在于让学生将对房间和家具的理解转化为实际语言运用能力，帮助他们在真实或模拟情境中进行表达和交流。

在分析层次，学生需要比较和对比不同房间的功能和家具特点（e. g. ,“The bedroom is for sleeping and has a bed, while the living room is for socializing and has a sofa. ”）。这一目标要求学生能够分解和比较信息，找到不同房间之间的相似点和差异点。这需要批判性思维能力，学生通过分析加深对房间和家具关系的理解。

在评价层次，学生需要判断家具布局的合理性，并能提出改进建议（e. g. ,“The bed in the living room is not suitable because the living room is for socializing. ”）。这一目标培养学生的批判性思维能力，要求他们能够基于功能性等标准评估房间布局的优劣，并用逻辑清晰的理由进行解释。这是对学生独立思考能力的训练。

在创新层次，学生需要设计一个房间布局，选择合适的家具，并撰写说明解释他们的选择（e. g. ，“I chose a sofa and a coffee table for the living room because this is where people gather to talk. ”）。这是最高层次的认知目标，学生需要将所学知识与自己的创意结合，完成一项新的、独立的任务（如画图或建模）。这一层次不仅检验学生的知识掌握，还培养了他们的创造力和综合表达能力。

8. 2. 2 英语学习活动观

《普通高中英语课程标准（2017 年版 2020 年修订版）》中指出：英语学习活动观是指学生在主题意义引领下，通过学习理解、应用实践、迁移创新等一系列体现综合性、关联性和实践性等特点的英语学习活动，使学生基于已有的知识，依托不同类型的语篇，在分析问题和解决问题的过程中，促进自身语言知识学习、语言技能发展、文化内涵理解、多元思维发展、价值取向判断和学习策略运用。

具体来说，英语学习活动观注重以下几个方面。

主题意义引领：学生的学习活动应围绕一个明确的主题进行，这个主题可以是与课程内容紧密相关的，也可以是与学生生活实际相联系的。通过主题意义的引领，学生可以更好地理解和运用所学的知识。

综合性学习：英语学习活动观强调学生应综合运用听、说、读、写、看等语言技能，以及词汇、语法等语言知识来完成各种学习任务。这种综合性的学习方式有助于学生全面提升英语能力。

关联性学习：学生的学习活动应与新旧知识之间建立联系，形成知识网络。同时，学习活动还应与学生的生活经验和实际需求相关联，增强学习的实用性和趣味性。

实践性学习：英语学习活动观鼓励学生通过实践来学习和运用英语。例如，通过角色扮演、小组讨论、项目研究等方式，让学生在实践中掌握语言技能，提高语言运用能力。

文化内涵理解：在学习英语的过程中，学生应了解和理解英语国家的文化背景、社会习俗和价值观等，这有助于他们更好地理解和运用英语，同时也有助于培养他们的跨文化交际能力。

多元思维发展：英语学习活动观注重培养学生的批判性思维、创新性思维和解决问题的能力。通过多样化的学习活动和任务设计，激发学生的学习兴趣和创造力。

价值取向判断：在学习过程中，学生应形成正确的价值取向和道德观念，学会尊重和理解不同文化和观点，培养全球意识和国际视野。

学习策略运用：学生应掌握并灵活运用各种学习策略，如自主学习、合作学习、探究学习等，以提高学习效率和质量。

英语学习活动观提出三个相互关联的学习过程：学习理解、应用实践与迁移创新。这三个过程将语言、文化和思维整合在一起。

在学习理解阶段，重点在于培养学生的感知力与注意力，以及信息的获取、梳理与整合能力。例如，学生能够通过观察书籍封面和细致读图，获取事实性信息；同时，梳理故事情节并概括其主旨，学会如何开始整体性地阅读一本书。

在应用实践阶段，学生将进行深入的描述与阐释，开展分析工作，并将所学知识内化后加以应用。如：描述和阐释故事发展的脉络，分析人物心理，厘清故事的主线；通过参与短剧演绎和故事复述，实现对故事内容的内化与灵活运用。

迁移创新阶段则鼓励学生进行逻辑推理与论证，开展评价活动，并激发其想象力与创造力。例如，学生可以推敲故事情节，批判性地评价人物性格特点及故事寓意；同时，结合个人体验进行想象和创作，甚至尝试改写故事文本，展现独特的创新思维。

以下是两个基于英语学习活动观理论的教学目标的例子。

例 8-1 见表 8-3。

表 8-3 基于英语学习活动观的教学目标

教学目标	认知层次
目标 1：总结归纳人们交友方式的变化	学习理解
目标 2：论述网络交友的优缺点	学习理解
目标 3：评判网络、社交媒体环境下人们交友观念的变化	应用实践
目标 4：理解友谊的真谛，懂得珍惜真正的朋友	迁移创新

例 8-1 中共设计了 4 个目标、3 个层次。目标 1 总结归纳人们交友方式的变化，属于学习理解层次。在这个阶段，教师可以引导学生获取有关传统和现代交友方式的信息，例如通过阅读文章、观看视频或讨论。学生需要关注关键信息，并将其整理和归纳，以总结交友方式的变化。目标 2 论述网络交友的优缺点，还是属于学习理解层次。教师可以提供相关资料，帮助学生理解网络交友的概念及其相关优缺点。学生需要从信息中提炼出核心观点。目标 3 评判网络、社交媒体环境下人们交友观念的变化，属于应用实践层次。学生可以通过案例分析，讨论不同社交媒体平台如何影响交友方式和观念。这一过程有助于学生将理论应用于实际情况。目标 4 理解友谊的真谛，懂得珍惜真正的朋友，属于迁移创新层次。鼓励学生通过创意写作或艺术表现（如绘画、视频）来表达他们对友谊的理解和珍惜，激发他们的创造力和个性化思考。

通过这 4 个目标的教学设计，可以看到活动观强调的学习理解、应用实践和迁移创新的循环过程。这种方法不仅提升了学生的语言技能，还促进了他们对友谊和交友方式的深刻思考和理解，帮助他们在真实情境中灵活运用所学知识。

例 8-2　At the end of the class, students will be able to:

目标 1: Learn about ink wash animation films through two masterpieces, and experience the charm of Chinese art.（学习理解）

目标 2: Listen to and use signpost markers in communication.（学习理解 + 应用实践）

目标 3: Learn to present an artwork and give a presentation about it to the whole class from some aspects.（应用实践）

目标 4: Evaluate artworks and share their own feelings and views on the value and meaning of art.（迁移创新）

目标 5: Discuss how to further inherit and develop excellent national arts.（迁移创新）

例 8-2 中共设计了 5 个目标、3 个层次。需要注意的是，依据英语学习活动观设计的教学目标，一个教学目标并非只能对应一个认知层次，事实上一个教学目标可能涵盖两个，甚至 3 个层次；但在设计教学目标时，要考虑围绕这 3 个循序渐进的学习过程，才能确保教学活动既符合学习规律，又能全面促进学生英语学科核心素养的提升。

例 8-2 中的目标 1 通过两部经典水墨动画电影了解水墨动画，体验我国艺术的魅力，属于学习理解阶段。在这一阶段，学生通过观看经典作品，获取有关水墨动画的基本信息和背景知识。他们将接触到艺术形式的特征、历史和文化意义，这有助于他们感知和理解我国艺术的魅力。目标 2 在交流中倾听并使用指示性语句。结合了学习理解和应用实践两个阶段。首先，学生学习指示性语句的定义和用途，接着通过实际交流练习这些语句的运用。这种结合促进了他们对语言结构的理解，同时也提升了沟通能力。目标 3 学习如何呈现一件艺术作品，并从多个方面向全班进行展示。这一阶段强调学生将所学知识应用实践。通过准备和进行艺术作品的展示，学生能够深入分析和阐述艺术作品的各个方面，提高他们的表达能力和自信心。这种实践也有助于他们在具体情境中灵活运用语言。目标 4 评估艺术作品，分享对艺术价值和意义的感受与看法，这一阶段属于迁移创新。在这一阶段，学生进行批判性思维，评估艺术作品的价值，并分享个人观点。这鼓励他们从个人体验出发，进行逻辑推理与创造性思考，反思艺术在生活中的重要性。这种活动促进了学生的创造力和独立思考能力。目标 5 讨论如何进一步传承和发展优秀的民族艺术。此目标鼓励学生将所学知识与实际社会文化相结合，提出对民族艺术传承和发展的见解。这一讨论不仅提高了他们的批判性思维能力，还激发了他们对文化传承的思考和责任感，同样属于迁移创新阶段。

通过这5个目标的教学设计，可以看出该设计有效地结合了学习理解、应用实践和迁移创新的过程。这样的结构不仅帮助学生在语言和艺术方面获得深刻理解，还促进了他们的批判性思维、沟通能力和创造力，从而实现全面的素养提升。

8.2.3 英语学科核心素养

在设定教学目标时，可以考虑英语学科核心素养的4个维度：语言能力、文化意识、思维品质及学习能力。与这4个维度相一致的目标有语言能力目标、文化意识目标、思维品质目标和学习能力目标。前文已对这4个维度的内涵进行了详尽探讨，故在此不再赘述。

下面以两组教学目标为例，探讨根据英语学科核心素养设计的教学目标。

例8-3 见表8-4。

表8-4 基于英语学科核心素养的教学目标

教学目标	核心素养
目标1：总结归纳人们交友方式的变化	语言能力、思维品质
目标2：论述网络交友的优缺点	语言能力、文化意识
目标3：评判网络、社交媒体环境下人们交友观念的变化	语言能力、思维品质、学习能力
目标4：理解友谊的真谛，懂得珍惜真正的朋友	文化意识、思维品质

目标1 总结归纳人们交友方式的变化。学生能够从不同的文本和交流中提取关键信息，总结交友方式的变化；并且通过观察和比较不同历史时期的交友方式，学生能够进行归纳和推断，形成对交友方式演变的理解。目标2 论述网络交友的优缺点。学生能够运用适当的词汇和语法来论述网络交友的优缺点；通过讨论网络交友，能够认识到网络文化的影响，理解中西方在交友观念上的差异，增强对不同文化的认同感。目标3 评判网络、社交媒体环境下人们交友观念的变化。学生能够运用语言表达对交友观念变化的评判，清晰阐述自己的观点；分析社交媒体对人际关系的影响，形成自己的判断；并且主动寻求和利用多种资源（如文章、视频、讨论），提高对该主题的理解和表达能力。目标4 理解友谊的真谛，懂得珍惜真正的朋友。学生能够探讨友谊的价值，理解不同文化中对友谊的看法，从而增强对人际关系的重视和理解。另外，通过对友谊的反思，学生能进行分析与推断，形成对友谊的深刻理解，认识到真正的友谊的珍贵。

依据英语学科核心素养设计的教学目标，一个教学目标也并非只能对应一个核心素养维度，事实上一个教学目标可能涵盖不同素养维度，核心素养4个维度并非孤立分隔，而是不同维度彼此融合。另外，并非每个课时都必须包含4个维度，如有的课时的教学内容未体现文化意识，教师不必刻意挖掘该方面的教学目标。

这些目标的设计不仅关注语言能力的提升，还强调文化意识、思维品质和学习能力的综合培养。通过这些目标的实施，学生能够在语言学习中不断增强对文化的理解，发展批判性思维，并提升自主学习的能力，从而更好地适应全球化的社会。

例 8-4 通过本课学习，学生能够实现如下目标。

目标 1：获取探险队南极探险的基本信息（如人员、时间、位置、经历、感悟等），梳理、概括探险队所遇困难和克服困难的办法，借助可视化图形呈现结构化知识。

目标 2：基于结构化知识，描述探险队所遇困难和解决办法，分析、推断探险队得以克服种种困难的深层原因。

目标 3：分析、评价探险者的行为和观点，推断探险队获得成功的关键要素（不仅要有优秀的个人品质，还必须有充分的准备）。

目标 4：模拟采访南极探险者，完成答记者问，并为给 *Teens Junior* 杂志撰写新闻报道做准备。

在目标 1 中，获取探险队南极探险的基本信息（如人员、时间、位置、经历和感悟等），并梳理和概括探险队所遇到的困难及其克服这些困难的方法，体现了语言能力目标；同时，通过可视化图形呈现结构化知识，展示了学习能力目标。在目标 2 中，基于结构化知识描述探险队所遇的困难及其解决办法，体现了语言能力目标；同时，分析和推断探险队克服各种困难的深层原因，体现了思维品质目标。在目标 3 中，分析和评价探险者的行为与观点，体现了思维品质目标；推断探险队成功的关键要素（不仅需要优秀的个人品质，还必须有充分的准备），体现了文化意识目标。在目标 4 中，通过模拟采访南极探险者，完成答记者问，并为撰写 *Teens Junior* 杂志的新闻报道做准备，体现了语言能力目标。

教学目标是教学活动的核心与起点，不仅为教师提供明确的指导方向和依据，还帮助学生清晰地了解学习任务与预期成果。在设计教学目标时，除了遵循相关教学理论，还需注重以下原则。

从简单到复杂设定目标：在教学设计中，目标的难度应逐步递进。先让学生掌握基础知识和技能，然后再引导他们学习更复杂的内容。这种递进式设计能够确保学生在每个阶段都有足够的时间理解和掌握知识。

结合工具性与人文性：教学目标应平衡工具性（语言技能）和人文性（文化、价值观等）。不仅关注语言的实用性（如听、说、读、写等技能的掌握），还要注重培养学生的情感和文化理解力，使他们在语言学习中获得全面发展。

避免情感目标的标签化：在教学目标表述中虽然提出了情感目标，但在实际的课程教学内容和活动中却没有具体的体现或落实。这种做法会导致情感目标流于形式。因此，在制定情感目标时，不仅要明确目标，还要确保通过具体的教学内容和活动设计，将情感目标自然融入课堂中，让学生在实际的学习过程中体验和感受情感教育的内涵，使情感目标真正发挥其应有的作用。

避免语言表达的形式化和复杂化：教学目标应简明易懂，避免使用复杂或过于正式的表达，以确保学生能够明确理解目标要求。同时，这也有助于教师更准确地进行评估。

避免泛化：目标应具体而非笼统，过于宽泛的目标不利于教学效果的评估，也可能导致学生难以理解目标的实际要求。明确和具体的目标更易于操作和评估。

总之，英语教学目标应简明、具体、循序渐进，兼顾技能与人文素养，并避免不必要的复杂性和情感标签，从而帮助学生在一个平衡、全面的环境中成长。

8.3　英语教学目标的表述范式

英语教学目标的表述可以从 ABCD、SMART 及 SORA 三种常见的框架或原则来呈现。

8.3.1　ABCD 模式

在 ABCD 模式中，A（audience）指学习者，即教学的目标对象；B（behavior）描述学习者在教学后能够执行的行为，通常以可观察的动作表述；C（condition）指学习者在什么条件下将执行该行为，包括可用的工具或资源；D（degree）表示对行为表现的可接受标准，例如准确性、速度或质量。值得注意的是，C（condition）并非必要元素。

例如，教学目标“获取探险队南极探险的基本信息（如人员、时间、位置、经历、感悟等），梳理、概括探险队所遇困难和克服困难的办法，借助可视化图形呈现结构化知识”中，A（audience）指中学生；B（behavior）为获取信息，梳理、概括方法，呈现知识；C（condition）指借助可视化图形；D（degree）指向基本信息、结构化知识。

再如，在教学目标“学习如何呈现一件艺术作品，并从多个方面向全班进行展示”中，A（audience）指中学生；B（behavior）为呈现、展示；C（condition）指借助可视化图形；D（degree）指向多个方面。

8.3.2　SMART 框架

SMART 分别对应 specific（具体性）、measurable（可衡量性）、achievable（可实现性）、relevant（相关性）和 time-bound（时限性）。使用 SMART 框架来为英语课设定教学目标，能够确保目标清晰、可行且时间明确。

具体性指的是明确要在这节课上学习的语言知识、语言技能或概念；可衡量性指决定如何评估学生在课程结束时的理解或技能，可以是小测验、写作练习或小组活动；相关性是指确保教学目标与更广泛的课程目标相一致；时间性是指教学目标应在课内可以完成，时间限制有助于保持课堂的专注度。

例如，一则关于英语听力课堂的教学目标“在今天的课程结束时，学生将听一段 3 分钟关于人工智能（AI）基础知识的音频，并正确回答 5 个关于主要观点和关键细节的问题，以展示对该主题的基本理解。”

该目标非常具体，明确了内容主题（人工智能基础知识）和任务（听音频并回答问题)。学生知道他们需要关注人工智能的主要观点和关键细节。目标设定了衡量标准，即回答 5 个问题的准确性。通过检查学生的回答是否正确，教师可以评估学生对音频内容的理解程度，该目标是现实可行的。音频长度为 3 分钟，适合在单节课内完成，确保学生有足够时间听、理解并回答问题。对于一般的课堂时间，这个目标不会显得过于繁重。此外，该目标与学生的学习需求和当代技术趋势密切相关。人工智能是一个热门话题，了解相关的基础知识和英语表达对学生的未来学习和生活都有益。最后，目标在课程结束前需要完成，这为学习任务设定了明确的时限，帮助学生集中注意力、有效管理时间，以达到目标。

例如，一则关于阅读课堂的教学目标“在今天的课程结束时，学生将阅读一篇关于汉字起源和结构的短文，并能够正确识别并解释文中 5 个象形字（山、水、火、日、月）的含义，展示其对基本汉字构成原理的理解”。该目标明确关注阅读一篇关于汉字的文章，并理解文章中象形字起源和结构。目标的衡量标准是学生能够识别并解释五个具体象形字的含义。任务在单节课内是现实可行的，文章简短，任务聚焦于五个象形字。目标与理解汉字基础知识的更大学习目标一致，这是学习汉语的重要基础技能。目标设定在课程结束前完成。

又如，一则关于写作课堂的教学目标“在今天的课堂结束时，学生将能写出一段连贯的段落，正确使用至少 5 个过渡词，展示思想之间的流畅衔接”。这个目标是具体的（使用过渡词）、可衡量的（检查正确使用的 5 个过渡词）、可实现的（一节课内可以完成）、相关的（支持写作的连贯性），并且有时限的（课内完成）。

8.3.3 SORA 原则

SORA 原则中的每个字母分别代表：Student（学生）、Observable（可观察的）、Real-life（真实生活）、Achievable（可实现的）。

S（Students）学生应成为目标陈述的主体，目标陈述应着眼于学生课后能够实现的能力，而不是教师在课堂上完成的任务。

以下是对两组教学目标的比较。

第一组：

to teach the students some new words about weather.

to guide the students to read modern English in the original.

在这组目标中，“to teach”和“to guide”的陈述主体是教师，而非学生。目标重点放在教师的教学活动上，而不是学生的学习成果，因此不符合 SORA 原则中的“S”，即学生应成为目标陈述的主体。

第二组：

to talk about the qualities of a good friend.

to be able to ask and give directions.

在这组目标中，“to talk about”和“to ask and give”的陈述主体是学生。这种表述关注的是学生在课堂上需要掌握的能力和行为，突出了学生的具体可观察行为，符合 SORA 原则中的“S”，即目标陈述应以学生为主体。

因此，从“S”原则的角度来看，第二组教学目标更符合规范，因为它明确的是学生而非教师在课堂上应获得的技能和实际应用能力。

O（Observable）学生的行为应是可观察的：目标陈述应明确描述学生的具体行为，采用可观察的动词。应避免使用仅表述内在思维状态的动词，因为这些行为无法直接观察，难以有效评估。

教学目标表述中，表示内在思维状态的动词一般有 to understand、to know、to enjoy、to believe、to learn、to master...，在撰写教学目标时都应该尽量避免使用这些动词，而应该使用具体的行为动词，如 to explain、to define、to distinguish、to identify、to infer、to summarize、to justify...。

根据布鲁姆的教学目标分类，表述记忆层次的具体动词有：describe、name、relate、list、write、find、tell 等；表述理解层次的具体动词有：explain、compare、discuss、restate、predict、translate、outline 等；表述运用层次的具体动词有：show、complete、use、classify、examine、illustrate、solve 等；表述分析层次的具体动词有：compare、explain、examine、categorize、identify、contrast、investigate 等；表述评价层次的具体动词有：assess、justify、prioritize、recommend、rate、decide、choose 等；表述创新层次的具体动词有：create、invent、plan、compose、construct、design、imagine 等。

根据英语学科核心素养，描述语言能力的具体动词有 perceive（悟知）、internalize（内化）、integrate（整合）、explain（解释）、communicate（交流）、construct（建构）等；描述文化意识的具体动词有 compare（比较）、adjust（调整）、communicate（交流）、share（分享）、identify（认同）、appreciate（欣赏）、accept（接受）等；描述思维品质的具体动词有：Recognize（认识）、categorize（分类）、analyze（分析）、infer（推理）、summarize（总结）、construct（建构）、criticize（批评）、create（创造）等；描述学习能力的具体目标有 activate（激活）、motivate（激励）、monitor（监控）、regulate（调节）、choose（选择）、acquire（获得）、explore（探索）等。

R（Real-life）不应是课后作业或任务：目标应关注课堂学习内容在实际生活交流中的应用，以确保所学知识具有现实意义和实用价值。

例如，教学目标“To read, to understand the passage correctly”仅强调理解文章内容，缺乏明确的现实生活应用。没有体现出该阅读和理解技能在实际生活中的交流或应用场景，因而不完全符合“R”原则。

又如，教学目标“To ask, to answer the new topic: Radio”涉及提问和回答问题，具备一定的互动性，尤其是当主题（广播）能引出实际生活中的讨论，因此符合“R”原则。

再如，教学目标“To finish the Exercise 3 on Page 90”是一个特定的课后作业任务，不具备任何实际生活的交流或应用价值，完全不符合“R”原则。完成课本练习属于课堂内部的任务，并没有突显出技能的现实意义或实用性。

最后，目标“To use the past continuous with adverbial clauses (when, while) to talk about what was happening at a specific time of an accident”具备一定的实际生活应用价值，特别是在描述事故或意外发生的情境时，能帮助学生在实际交流中表达过去的动作和事件。这一技能在叙述过去的具体事件时具有现实意义，因此符合“R”原则。

A（Achievable）目标应在指定的时间内完成：设定切实可行的目标有助于提高课堂的有效性，确保学生在规定时间内实现学习目标。

例如，教学目标“To develop the skills of listening, speaking, reading, and writing”过于宽泛，包含了多项语言技能的提升（听、说、读、写），而这些技能的全面发展通常需要较长时间的持续练习和巩固。因此，将“发展四项技能”作为课堂目标可能不切实际，很难在有限的课堂时间内完成，因此不完全符合“A”原则。再如，目标“To grasp the general idea of the reading material”也存在同样的问题。目标中仅提到“grasp the general idea of the reading material”，但没有具体指明是什么主题或类型的材料，这可能会影响其在指定时间内完成的可行性。阅读材料的难度和主题直接影响学生是否能在课堂内完成目标。

在这种情况下，为了符合“A”原则，可以进一步明确目标，将目标修改为：

“To grasp the general idea of a short story about daily life”

“To grasp the main idea of an article on environmental issues”

这样不仅让目标更加清晰，也使教师和学生在时间管理上更具针对性，从而更符合课堂内可实现的条件。

无论是 ABCD 模型、SMART 框架还是 SORA 原则，它们都从不同角度提供了教学目标设计的表述方法。ABCD 模型通过明确学习者（Audience）、行为（Behavior）、条件（Condition）和标准（Degree）来确保教学目标的具体性和可测量性。SMART 框架强调目标需具体（Specific）、可衡量（Measurable）、可实现（Achievable）、相关（Relevant）和有时限（Time-bound），以保证目标的科学性与可操作性。SORA 原则突出目标的明确性（Specificity）、可观察性（Observability）、关联性（Relevance）和可实现性（Achievability），适应不同教学场景的需求。通过这 3 种模式、框架或原则，教师可以设计出明确、有效且以学习者为中心的教学目标，提高课堂教学的针对性和效果。

8.4 英语教学设计中的重难点

8.4.1 教学重点

英语教学设计中的教学重点指的是教师在课程中旨在传授的基本概念、技能和信息。这些内容源于教学材料，代表学生需要理解的核心知识，并与教材分析密切相关。例如，根据提供的教材分析内容：

Lesson 5 *I think shopping will change* is an exposition about the change of future life in shopping, travelling, reading and pastime. The short text focuses on the theme of "man & society", which introduces science and technology. The linguistic focuses are the form and the pragmatic function of will and won't; the text structure I think... will... But/However,... will still... /won't predicting the future life. The value information is experiencing the influence caused by science and technology to foster critical thinking.

可以确定其教学重点为：

The information about the change of future life in shopping, travelling, reading and pastime.

The form and the pragmatic function of will and won't.

The text structure I think... will... But/However, ... will still... /won't predicting the future life.

8.4.2 教学难点

教学难点指的是学生常常难以理解或掌握的特定内容。这些挑战与学习者的背景、技能和学习风格密切相关，即教学设计中的学情分析。

要进行学情分析，首先需要全面了解学生的基本情况，包括他们的年龄特点、学习水平、学习兴趣与动机，以及班级内的个体差异。这些因素是影响学生学习效果的重要基础。

学生的年龄直接关系到其认知能力、注意力集中时间、思维特点和学习兴趣。例如，小学生的思维以具体形象为主，而中学生则逐步发展出抽象逻辑思维的能力。在分析学习水平时，需要关注学生的知识储备和技能水平，例如语言基础（词汇量、语法掌握程度）以及听、说、读、写四项能力的综合表现。同时，还需要了解学生对所学内容的兴趣度和学习英语的主要动机。这可能包括应试需求、兴趣爱好或实际生活中的应用需求。此外，分析班级内学生的个体差异也是学情分析的重要部分。通过了解优秀生、中等生和后进生的比例及具体特点，教师可以更好地设计分层教学，以满足不同学生的学习需求。

例如，在学习 *A Pioneer for All People* 这篇文章时，学生的学情分析可以从语言知识、阅读能力以及情感态度 3 个方面进行。

首先，从语言知识的角度来看，学生需要掌握动词“-ing”形式在主语或宾语位置的用法，以及动词后接不定式的规则。对于大多数高一学生来说，这些语法点已经基本掌握，但将这些语法点正确应用于实际写作中，仍可能存在困难。

其次，在阅读能力方面，学生需要具备一定的略读和扫读能力，以快速获取文章的主旨，提取关键信息并总结袁隆平的生平和品质。这对部分学生来说可能是一个挑战，尤其是那些缺乏阅读策略或对长篇文本感到畏难的学生。

最后，从情感态度来看，这篇文章的主题是“人与社会”，旨在通过袁隆平的生平事迹和伟大成就，激发学生的爱国情感和社会责任感。然而，不同学生对袁隆平和杂交水稻的背景知识了解程度不同，可能需要教师通过补充背景信息，帮助学生更好地理解文章内容并达到德育目标。

根据以上学情分析，教学中的难点可以归纳为：将语法知识转化为语言运用能力；掌握有效的阅读技巧，提升信息提取和概括能力；以及德育目标的实现。

9　英语课堂教学过程与设计

课堂教学过程是指教师按照一定的教学阶段（stage）和步骤（step），系统地组织和实施教学活动的流程。通常，一节课会包含多个教学阶段，每个阶段分为若干步骤，每个步骤又有若干活动。每个阶段可以依照现有的教学模式（例如，5E 教学模式为 Engage、Explore、Explain、Elaborate、Evaluate），也可以是教师自创的模式，目的是有效组织课堂内容，引导学生理解和掌握知识。

9.1　英语语言技能教学过程

中小学语言技能（听说读写）课堂教学过程模式并无固定模板，在这里主要介绍常用模式，即 PPP 模式、3E 模式、TBLT 模式和 PWP 模式。

9.1.1　PPP 模式

PPP 模式是弱版交际教学法的一种核心实施策略。PPP 模式中第一个 P 代表新语言材料呈现（Presentation），第二个 P 代表学生练习（Practice），第三个 P 代表学生语言自由产出（Production）。

呈现阶段是语言学习的关键输入环节，其核心在于教师通过精心设计的情境清晰地展示语言项目，旨在确保学生准确理解其含义与用法。这一阶段，教师可以灵活运用多种教学手段，如提供示例文本、构建模拟情境、开展师生对话等，以丰富多样的形式促进语言的有效输入。

练习阶段则侧重于通过一系列受控或半受控的实践活动，加深学生对语言形式的掌握并强化其准确性。此阶段的活动设计旨在让学生在教师的引导下，逐步运用所学语言进行实践，通过反复练习纠正错误、巩固记忆，为后续的自主运用打下坚实基础。

产出阶段是将语言知识转化为实际语言能力的关键环节。在这一阶段，学生被鼓励参与更加贴近真实语境的活动，如角色扮演、小组讨论、项目汇报等，这些活动不仅帮助学生深入理解语言在实际生活中的运用方式，还促进了他们语言交际能力的提升，实现了从语言学习到语言运用的自然过渡。通过这 3 个阶段的循序渐进，学生能够系统地掌握语言，最终达到流利、准确交流的目的。

PPP 模式将教学过程分为 3 个阶段，每个阶段都有明确的目标和任务，有助于教师有序地组织教学。在练习和产出阶段，学生成为学习的主体，能够积极参与课堂活动，提高学习的主动性和创造性。这种模式适用于新授课、技能课等课型，如语法课、词汇课、口语课等。

以下是一个基于 PPP 教学模式进行一般过去式（Past Simple Tense）语法知识点教学的具体过程示例，见表 9-1。

表 9-1 PPP 模式教学过程

阶段	步骤	活动
呈现	情境导入	1. 教师展示一系列关于周末旅行的图片，并讲述一个关于周末旅行的短故事："Last weekend, I went to the mountains. I saw beautiful flowers and visited a quaint village. Can you guess what I did there?" 2. 学生尝试猜测，教师适时引入一般过去式的概念
	结构展示	3. 教师板书"一般过去式"并解释其含义："一般过去式用来描述过去某个时间里发生的动作或状态"。 4. 展示规则动词和不规则动词的过去式形式，如"go-went""see-saw""visit-visited"等，并使用图表或 PPT 辅助说明
练习	控制性练习	5. 填空练习：教师分发填空练习纸，上面列有使用一般过去式的句子，但动词部分留空。学生需根据上下文填写正确的动词过去式。 6. 双人练习：学生两人一组，使用教师提供的提示（如"What did you do yesterday"）进行对话练习，互相询问并回答关于过去行为的问题
	半控制性练习	7. 角色扮演：教师分发角色扮演卡片，每张卡片上写有一个简单的过去情境（如"在图书馆借书""在公园放风筝"等）。学生两人一组，根据卡片上的情境创作并表演对话，对话中需使用一般过去式
产出	写故事	8. 学生各自拿出写作纸和笔，写一段关于自己过去经历的短文。要求短文中包含至少五个使用一般过去式的动词，并描述一个完整的过去事件
	分享与反馈	9. 学生写完后，教师组织分享会。学生可以自愿上台朗读自己的短文，其他同学给予正面反馈和建议

表 9-1 所示的 PPP 模式教学过程中，首先，教师通过展示与周末旅行相关的图片并讲述一个短故事，将学生引入情境，并为接下来的语言点引导铺垫。这里，教师通过具体的情境呈现了动作发生的背景，并通过提问鼓励学生思考和猜

测，从而自然地引出了语言点（一般过去式）。在结构展示部分，教师通过板书和讲解进一步引入和解释一般过去式的概念及其使用方式。教师还展示了规则动词和不规则动词的过去式形式，明确传授了新的语言点。其次，控制性练习和半控制性练习是典型的练习阶段活动，通过逐步增加学生输出的自由度，帮助他们从准确的语言使用逐步过渡到更自然、流畅的语言产出。最后，写故事这项活动要求学生使用所学的语言知识（一般过去式）来创作和表达个人经历。这不仅检验了学生对过去式的掌握情况，也考察了他们将语言点转化为真实、自然语言的能力。学生通过撰写自己的故事，能更加深刻地理解如何在实际交流中应用语法结构。而通过朗读并分享自己的写作，学生展示了他们对语言的掌握和表达能力。这一活动使学生不仅仅停留在写作的层面，还将他们的语言输出扩展到口语表达。这为学生提供了一个真实的语言使用情境，同时也鼓励同伴间的互动和反馈，有助于提高学生的语言自信和沟通能力。

9.1.2 3E 模式

3E 模式即“展现（Expose）、探索（Explore）和拓展（Extend）”，是一种分阶段的阅读文本呈现方法，逐步引导学生进入更深层次的理解和批判性思维。展现是指教师在此引入主题或概念，其目的是激发学生学习的兴趣，并为学生的学习打下基础。教师可以通过视觉材料、讨论或预设问题来“展现”学习内容，为学生建立背景并引发好奇心。在探索这个阶段，学生通过细读和分析文本进行深入学习，这包括“读字面意思（Read the Lines）”（理解显性内容）和“读字里行间（Read between the Lines）”（解释潜在的意义、情感或意图）。学生开始进行推理、连接不同的想法，并获得更细致的理解。在最后拓展阶段，学生“超越文本（Read beyond the Lines）”，深入分析、质疑假设，并考虑更广泛的意义或应用。该阶段鼓励学生综合信息，融入个人反思，并探讨与其他主题或现实生活的联系，从而拓展学习体验。

下面是运用 3E 模式教授课文 *A Pioneer for All People* 课堂教学过程示例，见表 9-2。

表 9-2 3E 模式教学过程

阶段	步骤	活 动
展现	话题预测	1. 展示课文标题 *A Pioneer for All People*，学生思考以下问题： What is a pioneer? Who is the pioneer? Why is he called a pioneer?

续表 9-2

阶段	步骤	活　动
探索	阅读理解	2. 学生快速阅读全文，找到文章的主旨大意；然后逐段进行细读，分析袁隆平的优秀品质。 第一段：袁隆平对工作的态度体现出来的品质。 第二段：袁隆平为实现目标体现出来的品质。 第三段：袁隆平在日常生活中体现出来的品质。 第四段：袁隆平对社会体现出来的品质
	头脑风暴	3. 小组讨论，学生针对“为什么袁隆平被认为是全人类的先锋”这一问题进行交流和分享，进一步深化对课文内容的理解，能够更深入地理解袁隆平的伟大成就和精神品质
拓展	批判性思维	4. 学生思考问题：“在新冠疫情期间，谁可以被认为是全人类的先锋?”学生从现代社会的实际情况出发，思考并讨论类似袁隆平这样为全人类作出贡献的先锋人物，例如医护人员、科学家、志愿者等

使用3E 模式，学生从话题预测到细读理解再到批判性思考，实现了从表层认知到深层次分析的全面学习，并且实现了在知识目标上学生能够理解并掌握课文 *A Pioneer for All People* 的主要内容，识别袁隆平的优秀品质及其对全人类的贡献。能力目标上能够提升阅读理解能力，通过细读和扫读找到课文中关于袁隆平的品质描述；能够联系实际，分析并评价在当今社会中谁能被称为“全人类的先锋”的批判性思维能力。素质目标上学生能够学习袁隆平的奉献精神，激发对科学家和先锋人物的敬佩之情。

9.1.3　TBLT 模式

TBLT（Task-Based Language Teaching）模式分为任务前（Pre-task）、任务中（While-task）和任务后（Post-task）3 个阶段。

任务前阶段的主要目的是帮助学生理解任务要求，并激发他们对相关内容的兴趣。在这一阶段，教师通常会：

提供背景知识或情境；

介绍任务的目标和结构；

讲解任务中可能用到的词汇或句型；

通过示例或讨论，让学生熟悉任务内容；

预热并激发学生的学习兴趣。

任务中阶段是 TBLT 的核心，学生在这一阶段主动参与语言任务。在这一阶段，教师通常会：

给学生一定的时间完成任务，通常包括个人、两人或小组的合作；

鼓励学生充分交流，并使用目标语言表达自己的想法；

提供一定的帮助和指导，但避免过多干涉，以保持任务的真实性和交际性；

观察学生的表现，为后续的反馈做准备。

任务后阶段主要是反思和语言反馈的阶段，教师和学生会共同分析任务中的表现。在这一阶段，教师通常会：

引导学生进行任务回顾，讨论他们完成任务的过程；

针对任务中的语言使用提供反馈，纠正错误或扩展词汇、语法；

进行延展性练习，巩固任务中学到的知识；

评估学生的表现，帮助学生反思提升。

以下是运用TBLT模式教授 *How do you make a banana milkshake* 课堂教学过程示例，见表9-3。

表9-3　TBLT模式教学过程

阶段	步骤	活　　动
任务前	词汇介绍	1. 使用真实的物品以及介绍制作香蕉奶昔的语境呈现词汇(blender、milk shake、ingredient、teaspoon、cup、instruction、peel、cut up、put into、pour、turn on、finally)。 2. 学生正确读出每个新单词加深记忆
	通过图片练习词汇	3. 展示一系列制作香蕉奶昔过程的图片，去掉一些关键词，让学生在自己的课本上填写正确的单词。 4. 提供单词卡片，学生将正确的单词卡片贴在图片的相应位置上。 5. 一起查看图片，确认答案
	听力练习	6. 播放一段描述制作香蕉奶昔步骤的录音，请学生听录音并尽量记住制作步骤。 7. 学生根据录音内容，将每一步骤与图片中的对应步骤匹配。 8. 复习录音中的指令，确保学生理解每一个步骤
任务中	小组讨论和编写指令	9. 四人一组，每个小组讨论并写下制作香蕉奶昔的步骤，参考之前的词汇和图片。 10. 鼓励学生协作，确保每位学生都参与编写一个清晰、顺序合理的步骤说明
	角色扮演	11. 两位学生到讲台前，一位学生朗读指令，另一位学生按照指令操作，演示如何制作香蕉奶昔
任务后	应用指令	12. 小组讨论他们最喜欢的水果奶昔口味，以及制作该奶昔的步骤。 13. 每个小组向全班分享如何制作他们选定的水果奶昔口味，使用在之前步骤中学习的词汇和句式结构

表9-3 TBLT模式教学过程示例中，首先，任务前阶段的活动，教师使用真实物品和情境来介绍关键词汇，让学生理解并熟悉制作香蕉奶昔时可能用到的词汇和表达，这是典型的任务前活动，帮助学生在接下来的任务中更顺畅地表达和操作。其次，通过图片和填词练习帮助学生将新学到的词汇和实际操作联系起来，并通过活动加深对词汇的记忆和理解。这些练习属于任务前阶段中对词汇的熟悉与巩固，确保学生具备足够的词汇来进行接下来的任务。最后，思维听力练习通过录音帮助学生理解制作步骤，让学生记住并理解制作过程，这为后续的任务完成奠定了基础。这种对语言指令的练习帮助学生熟悉任务流程，减少实际任务时的理解障碍，是典型的任务前准备活动。

任务中阶段活动中小组成员一起讨论并写下制作香蕉奶昔的步骤，这让学生应用之前学到的词汇和表达方式，并在协作中完成任务。这种任务要求学生综合运用语言，编写出一套清晰、有序的指令，属于任务中阶段典型的任务完成活动，旨在培养学生语言输出和团队合作能力。而角色扮演活动进一步强化了学生对指令的理解和实际操作中的应用。一位学生读出指令，另一位学生按照步骤操作，这种互动有助于学生练习如何清晰地表达和理解操作指令，是任务中阶段的实践任务活动。通过这个过程，学生不仅加强了口语表达和对指令的理解，还进行了真实情境下的语言应用练习。

任务后阶段的活动中通过讨论不同口味的水果奶昔，学生将之前学到的词汇（如peel、cut up、put into、pour等）和指令句型应用到新的情境中，从而巩固和拓展词汇的实际使用。每个小组要创造自己奶昔的制作步骤，这让学生用新学到的词汇和句式结构来生成自己的表达。每个小组向全班分享制作步骤的过程，实际上是一个反思和内化的过程。通过复述，他们不仅巩固了所学内容，还能通过互相学习，理解不同表达方式的多样性。在分享和讨论中，教师可以观察学生的表现并提供反馈，对不准确的词汇或句式结构进行纠正，帮助学生在真实语境中提升语言准确性。这种任务后阶段活动还激发了学生的创造力，鼓励他们根据自己的喜好和想法，设计新的奶昔配方和步骤。在完成任务的基础上拓展到新的应用情境，这符合任务后阶段的延展性练习目标。

9.1.4　PPP模式和TBLT模式

在交际语言教学中，Howatt提出了交际语言教学的两个版本：弱式版本（the Weak Version）和强式版本（the Strong Version）。后来，弱式版本演变为PPP模式，而强式版本发展为TBLT。

在新手英语教师的课程中，大多数教师熟悉PPP模式。首先，教师在一个清晰的语境中展示一项语言内容以便传达其含义，这可以通过文本、情景构建、对话等多种方式完成。其次，学生进入控制性练习阶段，需要通过集体或个人重复目标内容、填空或匹配句子等方式进行练习。这些练习要求学生能准确使用语言，并逐渐熟练。最后，学生进入产出阶段，有时称为“自由练习”阶段。学生进行诸如角色扮演的交流任务，预计会使用目标语言，并运用其他已学语言完成任务。然而，使用 PPP 模式进行英语教学，可能会存在以下问题：例如，学生在课堂上能准确使用新语言，表现得好像已掌握了，但几节课后却往往不能正确使用这些语言，甚至不会使用。学生可能过度使用目标结构，导致语言表达显得很不自然。在自由练习阶段，学生可能不使用目标语言，因为他们发现现有语言资源足以完成任务。

而 TBLT 模式中，教师并不预先决定学习的具体语言内容，而是围绕一个中心任务展开课程，所学语言由学生完成任务时的情况决定。任务前阶段，教师介绍主题并明确任务阶段的要求，帮助学生回忆一些可能有用的语言表达。任务前阶段也可以播放完成该任务的录音，让学生清楚了解任务预期效果。学生可以记笔记并准备任务。任务阶段，学生以对话或小组方式完成任务，使用已有的语言资源，教师在一旁监控并提供鼓励。计划阶段，学生准备一份简短的口头或书面报告，向班级讲述任务过程，并在小组内练习陈述内容。同时，教师可以解答学生在语言方面的疑问。报告阶段，学生向全班报告，口头或书面呈现任务结果。教师确定报告顺序并给出简要反馈，可能播放他人完成相同任务的录音，以供学生比较。分析阶段，教师从录音或报告文本中选取相关内容供学生分析，要求学生留意文本中的有趣特点，同时可以指出学生在报告阶段使用的语言以供分析。练习阶段，教师根据学生在任务阶段和报告阶段的表现选择适合的语言进行练习。学生通过练习增强信心并记下有用的语言。

因此，相比较而言，与 PPP 方法不同，TBLT 方法能使学生不受语言内容限制，在各阶段必须运用全部语言资源，而非仅练习某一预设内容。

在 TBLT 模式中语境源于学生的语言体验，内容更贴近个人且更相关，而 PPP 模式则需人为构建情境，往往显得不自然。在 TBLT 中，学生接触到更多样的语言，如词汇短语、搭配及句式结构。探究语言基于学生的实际需求，课程内容由需求决定，而非教师或课本决定。这种方法是高度交际性的，学生花大量时间进行交流，而 PPP 课程则显得以教师为中心。观察一下任务导向课程中学生交流的时间便可见一斑。TBLT 课程更具趣味性和激励性。

9.1.5 PWP 模式

如何有效教授听、说、读、写四大技能，是未来英语教师必须掌握的教学方法之一。PWP 模式（Pre-、While-、Post-）为新手英语教师快速适应教学角色提供了一种实用的语言技能教学方法。在听力教学中，PWP 模式包括听前（Pre-listening）阶段、听中（While-listening）阶段和听后（Post-listening）阶段；在口语教学中，则为说前（Pre-speaking）阶段、说中（While-speaking）阶段和说后（Post-speaking）阶段；在阅读教学中相应为读前（Pre-reading）阶段、读中（While-reading）阶段和读后（Post-reading）阶段；而在写作教学中，则为写前（Pre-writing）阶段、写中（While-writing）阶段和写后（Post-writing）阶段。

9.1.5.1　英语听力教学中的 PWP 模式

视频 8

人际交流活动中，大约 9% 的时间用于写作，16% 用于阅读，30% 用于说话，而高达 45% 的时间用于听。这表明教师在语言教学中需要注重听力技能的培养。听力课是一种以技能为导向的课程，主要目标是培养听力技能。为了确保教学效果，通常采用三阶段模式，即 PWP 模式的听前阶段、听中阶段和听后阶段。

A　听前阶段

听前阶段的主要任务是为学生做好理解即将听到内容的准备。这一阶段的设计旨在帮助学生对主题乃至语言形式建立一定的期待，同时激发他们的学习兴趣，增强学习动力，从而确保他们能够积极投入听力活动中。通过激活背景知识，将已有的认知与新内容相连接，学生可以更好地理解听力材料。此外，语言准备也是听前阶段的重要内容。通过提前教授关键词汇或句型，学生能够掌握必要的语言工具，更从容地应对听力挑战。

有效的听前活动通常包括预测和设置情境。预测活动可以通过视觉辅助工具（如图片、地图或图表）、标题或引导性问题，引导学生对听力内容进行推测。研究表明，优秀的听者通常具备较强的预测能力。帮助学生提升预测能力，不仅有助于提高他们的听力技巧，也能增强学习效果。另一种常见的预测方法是让学生在听力开始前阅读理解问题，这有助于明确听力目标，提升专注度。

相比于真实生活中的听力场景，课堂上的听力活动常常更具挑战性，因为学生通常无法获取充分的语境支持。为此，教师可以通过设置情境为学生提供必要的背景信息，从而营造清晰的语境环境。这种方法能够激活学生已有的相关图式（认知框架），帮助他们更有效地理解听力内容。

B　听中阶段

听中阶段的核心目标是帮助学生理解听力材料。此阶段的重点不是让学生听懂每一个单词，而是通过各种任务，引导他们积极地分析和处理信息。听中阶段主要的活动有：听大意，即掌握听力材料的主要思想或主题；听特定信息，识别如日期、名字或事实等具体细节；推断，即理解未直接表述的信息及其意义；记笔记，将听力与写作相结合，整理和记录关键信息。这些活动不仅有助于提高理解力，还能促使学生保持对听力材料的积极参与。

C　听后阶段

听后阶段的目标是帮助学生将听到的内容与自身的想法和经验相结合，从而更贴近真实生活中的听力方式。在实际情境中，人们通常是选择性地理解和解释听到的信息，而不是一味地复述。因此，听后阶段的活动应注重培养学生的理解力与表达能力。

常见的听后阶段活动包括以下几种形式。

（1）发表观点：鼓励学生分享自己的理解和看法，表达对听力内容的个人见解。

（2）角色扮演：通过重现听力内容中的场景或情境，进一步加深对内容的掌握和体验。

（3）书面任务：例如撰写总结、简要报告或回答反思性问题，帮助学生梳理听力内容并加深理解。

（4）辩论或讨论：围绕听力主题进行更深层次的分析，将其与更广泛的背景相结合，启发学生进行批判性思考。

这些活动不仅帮助学生灵活运用所获取的信息，还促进综合语言技能的发展，尤其是口语能力的提升。听力与口语在真实生活中密不可分，通过听后活动学生能够更加自信地将听力内容转化为有效的语言输出，从而提高整体沟通能力。

PWP 模式为设计高效的听力课程提供了一个完整的框架。听前阶段旨在激发学生兴趣并做好听力准备；听中阶段着重培养学生的听力技能；而听后阶段则注重帮助学生将听力内容与实际应用相结合。通过在教学中采用这一模式，并将重点放在听力过程上，教师能够设计出更具吸引力、以学生为中心的课程，帮助学生掌握终身受益的听力技能。

以下是一段围绕健身主题的听力对话材料，学生的听力任务是根据录音内容填补横线处缺失的信息。

Listen to the recordings and fill in the blanks with what you hear.

Dialogue

M：Good afternoon，madam. How can I help you?

W：Well，I am a little bit out of shape. I think I should get some exercises to keep fit. What kind of servicesdo you offer?

M：First of all，we'll tailor a work-out plan according to your physical conditions and your personal needs .

W：How can you get that done?

M：Well，we give each of our customers a qualified personal trainer. The trainer will give you a fitness assessment and then come up with the work-out plan.

W: What else?

M: Since everyone is different, your personal trainer help you find out all the exercise equipment that are suitable for your fitness level. Then you'll be taught all the necessary techniques to use the equipment and achieve your goal.

W: Sounds pretty good. How much do you charge ?

M: That depends. We offer membership for one month, half a year and one year.

W: Perhaps one month. I'll just have a try at first.

M: Wise decision. That is 400 yuan. You'll find it's totally worth it.

W: OK, I'll take it.

运用 PWP 模式进行这段听力对话材料的课堂教学过程示例见表 9-4。

表 9-4 PWP 模式听力教学

阶段	步骤	活动
听前	话题导入	1. 教师提问学生，引导学生分享个人锻炼经历，激发参与兴趣。 (1) Are you satisfied with your shape? If you aren't, what will you do? (2) Where do you usually go to keep fit?
	词汇和短语准备	2. 教师教授听力材料中可能出现的关键词及短语：out of shape (身体状态不好)、work-out plan (锻炼计划)、fitness assessment (体能评估)、personal trainer (私人教练)、membership (会员资格)
	预测听力内容	3. 根据关键词，教师引导学生预测对话内容：What questions might the customer ask the gym staff? What services might the gym offer?
听中	整体理解	4. 学生听录音并回答以下问题：Why does the customer want to go to the gym? What services does the gym offer?
	填空任务	5. 学生听录音并完成填空任务
	核对答案	6. 学生再次听录音，核对填空答案，同时教师根据学生的反馈解决理解中的疑问
听后	讨论活动	7. 小组讨论问题：If you were the customer, which membership plan would you choose and why? How does a personal trainer help improve fitness results?
	角色扮演	8. 两人一组模拟对话，一人扮演健身房职员，另一人扮演顾客。学生根据对话框架，结合自己的想法加入新内容

在以上听力课堂教学过程示例中，教学过程遵循 PWP 模式，各阶段目标明确，逻辑层层递进，从激发兴趣到捕捉信息，再到表达与输出，构建了系统化的

听力教学路径。听前阶段通过话题讨论、关键词讲解和预测活动，帮助学生激活相关背景知识，降低听力理解的难度，同时激发了学习兴趣。听中阶段的分步设计（整体理解、具体信息捕捉、核对答案）符合听力认知规律，能够有效培养学生从泛听到精听的能力。听后阶段设计了讨论、角色扮演，不仅巩固了学生的听力内容，还强化了语言输出，促进听力与口语的综合发展，贴近真实生活情境。

9.1.5.2　英语口语教学中的 PWP 模式

视频 9

学习外语的核心目标之一是能够自如地交流和表达自己的思想。在语言学习过程中，说这一输出技能既是最具挑战性、要求最高的部分之一，同时也是最直接、最实用的交流方式。良好的口语能力能够帮助学习者在真实的生活情境中灵活运用语言，无论是进行日常对话、参与学术讨论，还是应对职业交流，口语都扮演着至关重要的角色。

在英语学习中，拥有良好的口语表达能力不仅可以提高语言的实际运用水平，还能极大地增强学习者的自信。通过不断练习，学习者能够逐步克服语言障碍，减少对犯错的恐惧，从而更加自然地使用英语进行交流。

此外，口语表达并不仅限于语言词汇的准确使用，还包括语调的掌握、面部表情的传递以及对文化细节的把握。这些非语言元素在交流中起着不可或缺的作用。通过对口语的深入学习，学习者可以更好地理解不同文化背景下的沟通习惯，提升跨文化交际能力，并在实际运用中展现出更高的应用水平。口语学习不仅是语言技能的提升，更是文化理解与实践的有力途径。

尽管大多数教师都意识到了口语教学的重要性，但在实际教学中，往往更倾向于采用结果导向的教学方法。这种方法在口语课堂上的典型表现是，教师通常会提供一个或多个话题供学生选择，然后要求学生通过小组讨论、配对练习或个人准备的方式进行口语练习，最终在全班面前展示自己的任务成果。

这种教学方式虽然可以让学生在短时间内针对特定话题完成口语任务，但往往侧重于最终的输出结果，而忽略了学生在任务准备和练习过程中所需的语言支持和技能培养，可能导致部分学生因为缺乏足够的语言输入或指导而感到困难，特别是对于语言基础较为薄弱的学生而言，他们可能在讨论和展示时出现词汇不足、语法错误频繁或表达不流畅等问题。此外，这种结果导向的方式也容易让课堂活动变得机械化，使学生过于关注展示效果，而忽视了语言学习本身的过程性和真实性。

为了有效地教授口语，英语教学课程常常采用 PWP 模式提升学生的口语表达能力。PWP 是说前阶段、说中阶段和说后阶段三个阶段的缩写。每个阶段都有其独特的目的和活动设计，旨在帮助学生在不同的教学环节中逐步发展口语技能。

A 说前阶段

学生在此阶段被引导了解口语活动的主题和背景，为接下来的任务做好充分的准备。主要目标是激活学生已有的相关知识，激发他们的学习兴趣，并从语言和心理层面帮助学生建立信心，为即将进行的口语任务打下坚实基础。这一阶段的准备活动通常集中在语言结构和实际使用上，通过多样化的活动提升学生的认知和表达能力。

教师可以围绕活动主题精心设计教学内容，例如利用头脑风暴和思维导图帮助学生梳理和联想相关的关键词汇和句型结构。阅读与主题相关的材料也是有效的方式，不仅能够扩展学生的背景知识，还能让他们熟悉文化细节和语言使用场景。此外，教师可以通过展示图片、播放视频或使用其他多媒体工具，营造更直观、更有趣的学习环境，激发学生的兴趣并引导他们进行讨论。

当口语任务涉及跨文化交流或文化背景知识时，这种准备尤为重要。通过提前输入与目标文化相关的信息，学生不仅能更好地理解任务情境，还能在交流中避免文化误解。例如，在讨论国际节日或不同国家的风俗时，教师可以提供相应的文化背景材料，帮助学生更准确地表达和互动。

通过以上方法，学生能够更全面地了解活动主题并掌握相关语言要素，为接下来的口语任务奠定扎实的基础。同时，这一阶段的准备工作还能增强学生的学习兴趣和主动性，帮助他们更积极地参与课堂活动。

B 说中阶段

在"说中"阶段，学生通过积极参与口语活动，借助实际的练习和互动，提升语言的实际运用能力。这一阶段的核心目标是让学生在有意义的交流中运用目标语言，同时培养他们的表达自信和灵活性。教师不仅需要关注学生口语表达的流利度和准确性，还需要适时引导，提供必要的语言支持，例如，为学生提供关键短语、常用表达；帮助学生掌握在交流过程中应对困难的策略，例如，在表达不清或无法理解他人时，如何进行自我纠正、澄清或确认；引导学生学习逻辑组织方法，帮助他们在表达时更加条理清晰。同时，在学生练习的过程中，当发现学生在语言表达上遇到明显困难或偏离任务目标时，教师可以适当中断口语活动，给予及时且具体的反馈。例如，可以指出常见错误，帮助学生改进发音、语法或用词选择。

在这一阶段，教师可以结合课堂目标，设计多样化的互动活动。例如，学生可以通过报告来练习表达能力，通过角色扮演模拟真实情境，通过信息交流任务体验合作沟通，通过小组讨论和辩论锻炼逻辑思维与表达技巧，或者通过演讲提高条理性和语言流畅度。这些活动不仅能让学生在不同场景下运用语言，还能增强他们的参与感和互动意识。

通过这些设计合理的活动和指导，学生不仅能够逐步提升英语口语水平，还能在真实交流中更加自如地表达自己的观点。这种过程性与结果性并重的教学方式，能有效帮助学生在实际情境中灵活运用语言，同时增强其跨文化交流能力。

C 说后阶段

在“说后”阶段，学生通过向全班展示他们的口头报告或完成其他总结性任务，为口语活动画上阶段性句号。然而，这一阶段不仅是任务的结束，更是反思、反馈和学习延伸的重要环节。学生通过回顾自己的表现，接受具体的纠正意见，并讨论活动中的体验，能够总结经验，巩固所学内容，并为未来的语言学习奠定基础。

在这个阶段，教师需要仔细分析学生的表现，帮助他们识别自己的进步和优点，如语音、语调、词汇使用或逻辑组织方面的亮点。同时，也要指出需要改进的地方，如发音不准、语法错误或表达不清晰的问题。为了让反馈更具建设性，教师可以采用个性化和鼓励性的方式，例如通过详细的点评和具体的建议帮助学生改进。

为满足不同学习目标和学生需求，这一阶段的活动设计可以更加多样化。例如，学生可以通过撰写一篇与口语活动相关的总结或反思文章，整理自己在活动中的语言使用和学习收获。这不仅能强化他们的书面表达能力，还能进一步深化对口语活动的理解。此外，教师还可以将口语活动的主题与其他语言技能相结合，例如，安排一篇阅读文章来补充背景知识，或设计与主题相关的写作任务，帮助学生在不同语言技能之间建立联系。

通过这样的反思和延伸活动，学生能够更加全面地理解和掌握所学语言，并将课堂学习迁移到更广泛的应用场景中。这种以反思为核心、以反馈为动力、以延伸为目标的“说后阶段”教学，不仅能够帮助学生巩固语言能力，还能培养他们的自我评估和持续学习的能力，为语言学习打下坚实的基础。

下面以小学和中学英语教学中常见的话题：“太空旅行（Space Travel）”为例，如何在说前、说中以及说后阶段实施这一主题，见表9-5。

表9-5 PWP模式口语教学

阶段	步骤	活 动
说前	引入话题	1. 展示与太空旅行相关的图片或播放短视频（如宇航员在太空中的日常生活）。 2. 问题引导：What do you see in the pictures?（你在图片中看到了什么?）What comes to your mind when you hear the words “space travel”?（当你听到“太空旅行”这个词时，你会想到什么?） 3. 让学生猜测即将讨论的话题
	关键词汇学习	4. 展示一张幻灯片，上面包含与太空探索相关的关键词和表达，如宇航员、火箭、行星和星系。 5. 在语境中介绍并解释这些词汇，帮助学生建立自信并做好充分准备

续表 9-5

阶段	步骤	活 动
说中	小组讨论	6. 通过互动表达个人观点，练习口语。 问题提示： Would you like to travel to space? Why or why not?（你想去太空旅行吗？为什么？） What challenges do you think astronauts face in space?（你认为宇航员在太空中会面临哪些挑战？） If you could bring one personal item to space, what would it be and why?（如果你能带一件个人物品去太空，你会带什么？为什么？） 教师巡回指导，鼓励学生使用新学的词汇，并提供语言支持
	角色扮演	7. 提供与我国航天有关的提示和情境角色扮演卡片。让学生两人一组分工合作。一名学生扮演宇航员，另一名学生扮演记者，讨论最近的一次太空任务。扮演记者的学生可以提问：What is the main purpose of China's space program?（我国航天计划的主要目的是什么？）How does the Tiangong Space Station contribute to scientific research?（天宫空间站如何推动科学研究？）
	辩论活动	8. 培养批判性思维，提升表达能力。 辩题：Should space travel be made available to everyone?（太空旅行是否应该向所有人开放？） 分组：正方与反方，各组准备观点并进行辩论。辩论结束后，全班投票选出最有说服力的一组
说后	展示	9. 邀请几组学生向全班展示他们的角色扮演对话
	教师总结	10. 使用评分标准或检查表，从发音、语法、流利度和词汇使用等方面提供建设性的反馈
	个人反思	11. 学生反思自己的表现，讨论他们做得好的地方和可以改进的地方。What new things did you learn today?（你今天学到了什么新东西？）What do you find interesting about space travel?（关于太空旅行，你觉得哪些方面有趣？）

在以上口语教学过程示例中，PWP 模式明确划分了说前、说中、说后 3 个阶段，使教学过程逻辑清晰、有条不紊。每个阶段的目标都明确且围绕学生语言能力的培养进行设计。

在说前阶段，通过播放视频和展示关键词汇，学生在语境中理解和学习新词汇，为后续的口语活动做好语言储备。这种方式将输入和输出有效结合，既降低了学生参与口语活动的难度，又增强了他们的语言表达自信。

在说中阶段，设计了角色扮演这一具有真实情境的活动，能够激发学生的兴趣，同时提高语言的实际运用能力。通过模拟宇航员与记者的对话，学生可以练习特定的表达方式，同时学习如何围绕主题展开交流。但同时还可以增加开放性问题或高阶思维任务，如讨论“太空探索对人类未来的重要性”或“如果你是宇航员会如何描述我国的太空计划”，引导学生进行更深入的思考与表达。

在说后阶段，通过让学生展示、使用评分标准提供反馈以及鼓励学生反思，帮助学生识别自己的优势和需要改进的地方。这种方法有助于学生在后续学习中针对性地调整，巩固语言技能，并增强自信，还可以设计更多延展活动，例如，可以引导学生设计一个有关太空探索的简单海报或撰写一篇短文，进一步将主题与写作或阅读结合，从而提高综合语言能力。“说后”的评价，除了教师的评分和反馈，还可以引入同伴互评，帮助学生从他人的视角认识自己的表现。

另外，通过选择“中国太空探索”这一主题，不仅让学生在练习英语的同时了解我国科技成就，还为学生提供了“讲好中国故事”的语言机会，增强了学习的意义和使命感。

9. 1. 5. 3　英语阅读教学中的 PWP 模式

视频 10

阅读是人类获取知识、启迪智慧、培养品德的重要途径。通过阅读，人们可以探索未知的世界，接触真实或虚构的人物，感受多样的思想与情感。在这个过程中，阅读不仅能够启发思维、拓宽视野，还能帮助人们树立崇高的理想，涵养浩然之气。自古以来，中华民族就推崇阅读，倡导“格物致知、诚意正心”的求知精神。这种传统不仅传承了中华民族生生不息的文化根基，也塑造了中国人民自信、自强的优秀品格。由此可见，阅读在日常生活中始终扮演着至关重要的角色。

在中学英语课堂上，对话与阅读文本是学生接触语言的两种主要输入形式。阅读不仅为学生提供了积累语言知识的机会，还对语言学习效果起着重要的推动作用。一名未来的英语教师要引导学生如何高效阅读，不仅要影响他们的语言能力提升，更在很大程度上决定了他们学习英语的成败。通过培养学生的阅读素养，不仅能帮助他们更好地理解与应用英语，还能促进他们批判性思维能力的发展，使其在学习中更具独立性和创造性。

A　读前阶段

读前阶段的目标是激发学生对主题的已有知识，帮助他们建立对即将阅读内容的初步认识和期待。通过一系列的活动，学生能够回顾与主题相关的背景知识，预测文本的内容，并掌握关键的词汇与文本结构，为深入阅读打下基础。

在读前阶段，预测和设置场景是两种常用且有效的活动形式。通过有效地预测和设置场景活动，读前阶段能够帮助学生打破对未知文本的隔阂，激发他们的探索兴趣，同时为他们的阅读过程提供必要的背景支持和心理准备。这种有针对性的引导为学生顺利进入阅读阶段奠定了坚实基础。

a 预测

预测是帮助学生进入阅读状态的重要方法，可以通过多种方式进行，例如，基于标题、关键词或问题进行预测。通过这种方式，学生可以对文本内容形成初步假设，同时激发他们的好奇心和参与感。

基于标题的预测。如果学生不擅长标题预测，教师可以通过引导性提问帮助他们进行推测。例如，在阅读标题为 *A Pioneer for All People* 的文章时，教师可以设计以下问题：What is a pioneer?（什么是先锋？）Who might be the pioneer for all people?（谁可能是全人类的先锋？）Why is this person called a pioneer?（为什么这个人被称为先锋？）

通过这些问题，学生不仅可以对文章内容形成初步理解，还能建立对主题的兴趣和探索欲望。

基于关键词的预测。教师可以挑选文章中的几个核心词汇，引导学生根据这些词汇推测文本内容。鼓励学生结合已有知识猜测文章的主题或方向。

基于问题的预测。提供与文本内容相关的开放性问题，这种方式不仅能引发学生的联想，还能激活他们的批判性思维。

b 设置场景

设置场景旨在通过关联学生已有的知识和即将接触的内容，为阅读奠定认知和情感基础。教师通常会利用讨论和视觉辅助工具，将学生的关注点引向文本的主题和背景。

文化背景讨论。在涉及文化相关内容的文本时，教师可以设计开放性问题，引导学生从自身经验出发，与文本内容建立联系。例如，在阅读关于地震的文章前，可以问学生：“Have you ever experienced an earthquake? What do you know about how people respond to natural disasters?”（你经历过地震吗？你对人们应对自然灾害的了解有哪些？）这样的讨论有助于激发学生的兴趣和参与感。

视觉辅助工具的使用。视觉辅助工具可以显著增强设置场景的效果。例如，在引入文章 *A Night the Earth Didn't Sleep* 时，教师可以展示地震破坏场景的图片和全球地震多发地区的地图。这些图片和地图不仅提供了丰富的背景信息，还能激发学生的情感共鸣，使他们更深入地理解文章所描述的情境。教师还可以提出问题，例如：“What do you think happened during this earthquake?”（你认为地震期间发生了什么？）以引导学生进一步思考。

B 读中阶段

读中阶段旨在帮助学生深入关注并理解文本的各个方面，其核心目标是引导学生逐步掌握如何像使用母语一样自然地处理和分析文本内容。在这一阶段，教师通过多样化的活动设计，帮助学生提升阅读技能并加深对文本的理解。常见的读中活动包括填空、排序、完成信息缺口和回答是非题，这些活动能够有效支持学生对文本细节的理解和整体把握。

a 读中阶段的核心阅读技能

略读（Skimming）。略读是一种快速阅读技巧，用于抓住文本的主要思想或大意，帮助学生了解文章的整体框架和核心信息。例如，在阅读一篇关于气候变化的文章时，学生可以通过浏览标题、段首句和结尾句快速获取文本的主题和主要观点。

查读（Scanning）。查读是一种以寻找具体信息为目的的阅读方式，适用于查找数字、日期、时间表或电话号码等细节信息。例如，学生可能需要完成以下任务：Find Mr. Smith's phone number（找到史密斯先生的电话号码）；How many people were injured in the explosion（在爆炸中受伤的人数是多少）。这种技能可以帮助学生快速定位文本中的关键信息，提高阅读效率。

推论（Inferencing）。推论是一种更高级的阅读技能，要求学生“读懂字里行间”的意思，即通过结合背景知识和上下文线索来推测作者未直接说明的隐含信息。例如，学生可能需要根据描述推测某个角色的情感或作者的意图。这一技能不仅有助于学生深入理解文本，还能培养他们的批判性思维能力。

b 读中阶段的信息转换与图示化

当文本中的信息以视觉形式呈现时，学生更容易处理、记忆和复述。这种将信息从一种形式转换为另一种形式的方法被称为转换方法（Transformation Methods），在阅读教学中非常实用且高效。以下是一些常见的转换方法及其应用场景。

表格（Table）用于整理和比较文本中的关键信息。例如，学生可以根据文章内容制作一张比较不同国家能源使用情况的表格。

树状图（Tree Diagram）常用于表示层级结构或概念之间的关系。例如，学生可以用树状图归纳文章中的主要观点和支持细节。

循环图（Cycle Diagram）用于表示重复性过程，如水循环、生态系统的能量流动等。

饼图和条形图（Pie Chart & Bar Graph）适合表现比例或数据对比。例如，在分析一篇关于人口统计的文章时，学生可以将数字信息转化为饼图或条形图，以更直观地理解数据。

流程图（Flow Chart）用于表示事件或过程的步骤。例如，在阅读关于地震应急响应的文章时，学生可以绘制流程图总结应急步骤。

时间顺序图（Timeline）适用于整理历史事件或故事的时间顺序。例如，学生可以根据文章创建一个时间轴，标注关键事件或发展阶段。

通过略读、查读和推论等技能的综合运用，以及信息图示化的支持，读中阶段不仅能帮助学生高效地理解文本，还能增强其分析和记忆能力。这些活动和方法的结合，为学生提供了强有力的工具，帮助他们在阅读中获取知识、扩宽视野，同时提升其语言能力和思维能力。

C　读后阶段

读后阶段的活动旨在通过批判性分析和创造性应用，帮助学生进一步理解文本内容，同时促进语言输出能力的发展。这一阶段的任务设计应充分利用学生在阅读中获得的知识，引导他们进行更高和更深层次的思考和表达。常见的读后活动包括讨论问题、重现文本、角色扮演、复述和写作，这些活动为学生提供了丰富的语言实践机会，帮助他们巩固所学内容。

a　讨论问题

讨论问题是一种有效的方式，能够鼓励学生分享观点并比较不同的文化或个人经历。例如，在学习了 *Friendship in Hawaii*《夏威夷的友谊》一文后，教师可以提出以下问题：

How are friendships in Hawaii similar to or different from friendships in your own culture?（夏威夷的友谊与您自己文化中的友谊有何相似或不同?）

How do you show friendship to visitors in your hometown?（您在家乡如何向游客表达友谊?）

通过这些问题，学生不仅可以联系文本内容与个人生活，还能够进行跨文化对比，加深对文章主题的理解。

b　重现文本

学生可以通过绘制图示、创建故事板或制作海报来重现文本内容。这种活动形式能够帮助学生以新的方式组织和表达所学信息，同时激发他们的创造力。

c　角色扮演

角色扮演是一种互动性强的活动，能够让学生站在不同的立场上理解和应用文本内容。例如，在学习关于如何接待游客的文章后，学生可以扮演游客与当地居民，模拟真实场景，练习语言表达和跨文化交流技能。

d　复述

复述活动要求学生用自己的语言重新表述文本内容，这不仅考察了他们对文章的理解程度，还锻炼了语言组织能力。例如，学生可以被要求复述文章的主要情节或核心观点，甚至改编成短剧或故事与他人分享。

e　写作

写作是读后阶段的重要活动之一，能够帮助学生在输出过程中整合和深化知识。例如，学生可以被要求撰写一篇短文，题目可以是：

How does your culture value friendship compared to Hawaiian culture?（与夏威夷文化相比，您的文化如何看待友谊?）

Write a letter to a Hawaiian friend describing how you celebrate friendship in your country.（给一位夏威夷朋友写信，描述您在自己的国家如何庆祝友谊。）

这样的写作任务能够鼓励学生表达个人见解，同时巩固所学语言结构和词汇。

读后阶段的活动不仅帮助学生对文本进行更深入的探索，还为他们创造性地使用语言提供了平台。通过讨论、角色扮演或写作等形式，学生能够在批判性思考的基础上，将文本内容与自身经验相结合，实现语言学习的真正应用。同时，这些活动能够提高学生的表达能力，增强他们的文化意识和交流自信心。设计有趣且富有挑战性的读后任务，不仅可以巩固课堂学习成果，还能激发学生的思维和创造力，让阅读体验更加丰富和有意义。

以下是一篇以健康饮食为主题，适合初中七年级学生的短文阅读材料。

Healthy food and drink for children

Is your food and drink healthy? A lot of ice cream, hamburgers and cola is not healthy. Meat is healthy but too much meat is not good for children. Cola and candy are very sweet, and too much sugar is bad for you.

Eat the right food and be healthy. Carrots, eggs and sweet potatoes are good for your eyes. Milk, cheese and fish are good for your teeth. A bit tired? Have lots of delicious chicken soup!

It is important to remember: eat well, stay healthy, and don't get fat!

Eat noodles or rice, not hamburgers.

Have a good breakfast every morning.

Drink juice, water, tea and milk, not cola.

Eat lots of fruit and vegetables.

运用 PWP 模式进行这篇短文阅读材料的课堂教学过程示例，见表 9-6。

表 9-6 PWP 模式阅读教学

阶段	步骤	活 动
读前	创设情景，引出新单词	1. 通过讲述小故事："Lingling eats too much ice cream, and she has a stomachache. Doctor Chen gives her some tips about healthy food and drink." 引出新单词（如 noodles, rice, hamburger）
	旧词复习，新词巩固	2. 匹配单词和图片（如 rice, noodles, cola, ice cream, hamburger 等）。 3. 快速反应游戏：展示图片时，学生快速说出相关食品或饮料的名称。 4. 美食大 PK：让学生写下他们知道的所有食品和饮料

续表 9-6

阶段	步骤	活动
读中	阅读理解与信息提取	5. 学生快速浏览文章，标记各段落的编号。 6. 学生阅读文章后，标出每一段落提到的食品和饮料。 7. 根据文章内容，分类食品和饮料：健康食品与饮料、不健康食品与饮料。 8. 学生用5分钟快速阅读文章后，完成“True or False”判断题。 9. 讲解“but”表示转折的语法结构，并结合文章中的例子进行分析。 10. 学生用“but”连接文章中的相反句子进行练习
读后	反思与应用	11. 观看《千与千寻》中的片段，讨论电影中人物的饮食习惯是否健康。 12. 讨论购物计划，学生分享明天和妈妈一起去超市时，哪些食品和饮品对眼睛和牙齿有益（参照文章第二段内容）。 13. 学生运用所学的结构“but”写一段简短的演讲，例子：“... is delicious but... ”或“... is healthy food but... is not a healthy food.” 14. 根据框中的单词和表达方式，完成文章的填空
延伸	文化比较与拓展学习	15. 讨论中西饮食文化的差异。 16. 了解壮族食品。 17. 学习更多壮族食品的相关内容

以上的课堂阅读教学过程有很好的结构安排，符合 PWP 模式的基本框架。教学活动被分为读前、读中和读后 3 个阶段，每个阶段的活动都紧密围绕着文章内容，然后通过逐步推进的任务设计（如词汇引入、文章快速阅读、细节提取等），帮助学生在不同阶段获得适当的语言输入与输出机会，强化了学习效果。

读前阶段通过游戏和互动活动（如匹配单词和图片、快速反应等）激发学生的兴趣，并为后续的阅读做了充分的准备。尤其是“美食大 PK”这种活动，不仅能够巩固词汇，还能够激发学生的参与热情。

读中阶段设计了分步骤的任务（如标出段落、找出食品和饮品、分类等），使学生在阅读时能够逐步理解文章内容，培养了他们的细节理解能力。

读后阶段通过视频观看和讨论活动，将课堂学习与现实生活结合起来，有助于学生将知识应用到实际情境中。学生在用“but”写演讲时，不仅能巩固语法结构，还能培养他们的表达能力。

在最后的延伸部分，涉及了中西饮食文化的比较及壮族食品等内容。这不仅拓宽了学生的视野，还能增强文化意识，使学生在学习语言的同时，能够对不同文化有更多的了解。

这一 PWP 模式的阅读课堂教学过程设计合理、富有创意，并且紧密结合学生的实际需求。通过不同阶段的任务和活动，学生不仅能巩固已有的语言知识，还能通过互动和实际应用加深对新知识的理解与掌握。教师可以在此基础上根据学生的具体情况进一步调整活动的难度与形式，以提高教学效果。

9.1.5.4 英语写作教学中的 PWP 模式

视频 11

写作作为语言测试的一部分，在语言教学与学习中扮演着重要角色。作为一项关键的输出技能，写作不仅能够展示学习者的语言水平，还能够反映他们对语言的实际运用能力以及逻辑思维的深度。

写作是语言学习中不可或缺的技能，它综合了词汇、语法、句法以及篇章结构的应用能力。通过写作，学习者能够将所学的语言知识转化为实际表达，培养语言的综合运用能力。此外，写作还要求学习者在表达的过程中注重逻辑性、连贯性和条理性，这对提升其思维能力也具有重要意义。

在语言测试中，写作部分可以全面评估学习者的语言能力。与选择题或填空题不同，写作需要学习者从零开始构建自己的表达，这不仅考验他们的语言知识储备，还考验他们对语言的运用熟练度。同时，写作还能评估学习者的创造力以及对复杂语言结构的掌握情况，这使其成为语言测试中不可替代的一部分。

写作在语言教学中的重要性体现在其对学习者语言水平提升的促进作用。在课堂上，通过写作练习，教师能够发现学生在语言使用中的弱点，从而有针对性地进行指导。与此同时，写作任务还能激发学生的创造性思维，鼓励他们用语言表达自己的观点和情感，增强语言学习的兴趣和动力。

目前常见的写作测试形式主要为命题作文。这种形式通常提供一个具体的题目或主题，要求考生围绕题目展开写作。命题作文的题目通常具有明确的指向性，如描述性、议论文、记叙文或说明文。这种测试形式便于评估考生的语言组织能力、逻辑思维和对特定主题的语言表达能力，但可能会限制考生的创造性，难以反映真实语言使用能力。这种写作测试的形式对写作教学也产生了一定的影响，例如，写作教学中的写作活动往往以准确性为主，主要设计用于练习特定的目标句型。一些活动往往在写作阶段之前准备不足，导致文章缺乏连贯性和深度。与此同时，写作活动通常缺乏对受众的关注，使学习者无法意识到他们的写作对象，也缺乏真实性，导致写作任务与现实情境脱节。一些写作活动的写作观点通常是直接提供的，而不是通过引导学生思考得出的，这减少了学习者批判性思维或创造性表达的机会。尤其是在以考试为导向的教学中，几乎没有空间用于创造性表达，特别是表达独特或原创想法的机会较少。这种注重评估的写作任务形式，常常忽视写作技能的全面发展和语言综合能力的提升。

然而，英语课堂中的写作教学并不等同于写作测试。课堂写作教学应当侧重于过程，而非单纯的结果。因此，以过程为导向的写作教学方法强调教师在整个写作过程中提供持续的指导，帮助学生有效组织思路，并在写作过程中提供及时的反馈。这种方法不仅帮助学生逐步完善他们的写作，还能提升他们的思维和表达能力。

PWP 模式为写作教学提供了一个非常合适的框架。该模式通过分阶段的教学设计，有效促进了以过程为导向的写作教学。具体来说，PWP 模式可以鼓励学生大胆表达自己的想法和创意，激发他们对写作的兴趣，帮助他们树立学术诚信的意识，并培养反思和自我提升的习惯。通过这种方式，学生不仅学会如何写作，还能够在写作中不断完善自我，提升写作技能。

写作与口语一样，都是一种输出技能。通过系统的写作训练，学生能够更加自如地用英语表达思想，进而表达我国的优秀传统文化。加强学生的写作能力，不仅有助于他们在学术领域取得更好的成绩，还能让他们更好地将中华文化与世界分享，展示我国独特的魅力。因此，英语写作教学不仅是语言技能的培养，更是文化传播的重要途径。

写作教学的 PWP 模式包括写作前阶段（Pre-writing）、写作阶段（While-writing）和写作后阶段（Post-writing）3 个阶段。

A 写作前阶段

写作前阶段是写作的规划阶段，旨在帮助作者梳理思路、明确写作方向。在这一阶段，学生需要经历一系列环节，包括激发写作动机、通过头脑风暴生成初步想法、利用思维导图整理并归纳观点，以及进行自由写作的练习。这些活动为正式写作奠定了坚实的基础，同时也提高了学生的写作兴趣和能力。

首先，教师应注重激发学生的写作动机。写作主题应贴近学生的生活，具有意义且能够引发共鸣，与他们的兴趣和经验相关。例如，教师可以选择一些与我国文化（Chinese Culture）、历史（History）、社会变迁（Social Changes）或现代发展（Modern Developments）等主题相关的内容，帮助学生在熟悉的语境中构思和表达。这些主题可以包括"中国传统节日的现代传承"（The Modern Inheritance of Chinese Traditional Festivals）、"家乡的变迁与发展"（The Changes and Development of My Hometown）、"我的祖辈的故事"（The Stories of My Ancestors）等。这类主题不仅能激发学生的写作兴趣，还能增强他们的文化认同感和自豪感，帮助他们认识到自己作为文化传承者和传播者的重要角色，从而更加积极地投入写作中。

在选定主题后，教师应引导学生自由思考并记录所有可能的想法。这一阶段称为头脑风暴，是写作前期的重要环节，旨在帮助学生激发灵感并生成丰富的写作素材。通过头脑风暴，学生可以不受约束地表达自己的想法，为后续写作奠定基础。

接下来是构建思维导图的阶段。思维导图是一个将头脑风暴中产生的想法进行筛选和组织的过程。学生需要选择那些与写作主题相关且有用的想法，并尝试以连贯、逻辑的方式将它们联系起来。这一过程不仅能帮助学生理清写作思路，还为后续的写作提供了清晰的框架。

在完成思维导图之后，学生可以进入自由写作阶段。在这个阶段，学生通常有 10 ~ 15 分钟的时间自由书写，不需要过于关注拼写或语法的正确性，而是专注于内容的表达和写作的流畅性。自由写作不仅能帮助学生快速将想法转化为文字，还能提升他们的写作信心和语言表达能力。通过这一系列的循序渐进的步骤，学生可以在轻松的氛围中逐步提升自己的写作技能，实现语言学习与文化传承的双重目标。

B 写作阶段

写作阶段是将写作前阶段的规划转化为实际内容的关键过程，通常包括大纲的制定和初稿的撰写。这个阶段的目标是通过有条理的书写，将想法清晰地表达出来，同时为后续的修改和润色奠定基础。

首先，大纲的制定是写作阶段的重要环节。大纲不仅展示了文章的整体组织结构，还明确了每个部分的核心内容和逻辑关系。一个完整的大纲通常包括每段的主题句、主要内容和支持细节的简要说明，同时也涵盖引言和结论的框架。通过制定大纲，作者可以确保文章结构清晰、思路连贯，从而避免在写作过程中偏离主题或遗漏关键点。

在初稿阶段，作者需要将大纲中的要点转化为具体的文字表达。这一阶段的重点在于内容的丰富性和思想的表达，而非语法结构、标点符号或拼写的绝对正确性。初稿允许作者自由发挥，将想法快速记录下来，而无须过于担心形式上的问题。通过这样的自由书写，作者能够最大限度地展现创造力和思维深度，同时为后续的修改提供丰富的素材。

写作阶段的大纲和初稿是相辅相成的。大纲为初稿提供了清晰的写作方向，而初稿则是将大纲中的想法具体化的重要实践。这一阶段的核心在于专注内容的表达和逻辑的连贯性，为后续的修改和完善打下扎实的基础。通过精心规划和充分落实写作阶段，作者可以更高效地完成一篇思想清晰、结构完整的文章。

C 写作后阶段

写作的最后一个阶段是写作后阶段，这一阶段主要包括编辑、修订、校对和见面会，旨在进一步完善和优化学生的写作成果。通过这一阶段，学生不仅能够提高写作质量，还能培养更高的语言敏感性和表达能力。

首先，编辑是写作后阶段的重要步骤，指学生对自己作品的全面审查。编辑的目的是确保文章思想清晰、逻辑严谨、结构合理。这一过程不仅是查找和纠正错误，还包括改进内容的表达、完善论点的深度以及增强文章的整体质量。编辑可以通过两种方式进行：同伴编辑和自我编辑。在同伴编辑中，学生相互交换文章，通过外部视角发现可能忽略的问题；而在自我编辑中，学生独立审视自己的写作，从多个层面检查其内容和语言表达。根据编辑反馈，学生需要做出必要的修改，例如，添加新的观点以增强说服力、删除与主题无关的内容，或纠正拼写、标点、语法以及词汇选择方面的错误。

其次，校对是在提交最终稿之前的最后一步。在这一阶段，学生需要被引导仔细重读自己的文章，重点检查语法、拼写、标点以及大写等方面的细节错误。为了更高效地完成校对任务，可以使用常用的校对符号，帮助学生识别和标记常见问题，使修改过程更加清晰和有针对性。

最后，见面会是一种有效的个性化反馈方式。在见面会中，教师与每位学生进行一对一的交流，讨论他们的写作进展和具体问题。见面会通常安排在一个学期内进行一到两次，每次持续 5 ~ 10 分钟。这种个性化辅导有助于教师了解学生的需求，针对性地提出改进建议，同时也让学生感受到关注与支持。如果面对大班授课的挑战，教师可以选择进行班级见面会，重点讨论普遍存在的问题以及优秀写作的关键特点，以提高整个班级的写作水平。

通过编辑、修订、校对和见面会的多层次支持，写作后阶段为学生提供了全面提升写作质量的机会，同时帮助他们在实践中培养更加严谨的写作态度和技能。

以下是运用 PWP 模式的英语写作课堂教学示例，主题为“描述一次中国现代化发展中印象深刻的经历”，见表 9-7。

表 9-7 PWP 模式写作教学

阶段	步骤	活　　动
写作前	头脑风暴	1. 教师引导学生思考与中国现代化发展相关的难忘经历。 2. 学生在笔记本上列出可能的经历，例如：参观高铁站或科技展览；体验城市化带来的变化（如从农村搬到城市）；目睹家乡在基础设施建设方面的显著变化。 3. 教师可提供关键词提示，如技术（technology）、建筑（architecture）、文化（culture）、生活方式（life style）
	思维导图	4. 学生将头脑风暴中的经历分类，构建思维导图。 5. 教师指导学生以类别为节点扩展细节，例如：旅行，参观现代化城市、使用高铁或体验智能设施；成就，因科技或现代化设施受益的个人或家庭故事；个人成长，适应城市生活、学习新技术的经历
	自由写作	6. 学生选择一个最难忘的经历，围绕这一经历自由书写。强调学生无须担心语法、拼写或格式，只需专注于将想法记录下来。 7. 教师可以给出问题提示，例如：这个经历发生在什么时候；这个经历对你有什么影响；你从这个经历中学到了什么

续表 9-7

阶段	步骤	活　　动
写作中	撰写	8. 学生根据前期准备内容撰写文章的初稿。强调内容表达的完整性和逻辑性，不要求语言形式的完美
写作后	同伴编辑	9. 学生将初稿与同桌交换，阅读对方的文章并提供反馈。 10. 教师提供编辑指导清单，包括：文章内容是否清晰、连贯；是否有足够的细节支持主题；文章结构是否合理
	修订	11. 学生根据同伴的反馈，选择一个段落进行重点修订。 修订时，鼓励学生：提高段落的清晰度，例如，用更具体的词汇或句式替代笼统表达；增强连贯性，添加适当的过渡词；丰富细节描述，使读者更容易产生共鸣。 12. 修订完成后，学生对比修订版与原稿，记录改进之处并讨论修改理由
	校对	13. 学生使用标准校对符号检查语法、拼写和标点错误。 14. 教师提供校对符号示例，并鼓励学生在最终稿中避免重复错误
	个性化指导	15. 教师通过一对一或小组见面会，能针对学生的具体问题提供个性化建议
总结与延伸	总结	16. 教师回顾课堂中使用的写作技巧，鼓励学生在未来的写作中应用
	分享	17. 有意愿的学生可以分享他们的文章或改进后的段落，其他学生可以学习优秀写作技巧
	延伸	18. 学生将修改后的文章整理成最终稿，并提交给教师进行进一步评估

以上教学设计过程中的写作前阶段通过主题“描述一次中国现代化发展中印象深刻的经历”有效激发学生的写作兴趣。主题贴近学生的生活和经验，具有现实意义，同时能增强学生的文化认同感。头脑风暴鼓励学生思考多种可能性，为写作积累丰富的素材。思维导图帮助学生将想法分类并理清逻辑，建立清晰的写作框架。自由写作则让学生把思维成果直接转化为文字，降低写作焦虑，培养流畅表达的习惯。这些写作活动层层递进，帮助学生从无序思维到有序表达逐步过渡。准备活动不仅降低了写作的难度，还增强了学生的信心，使他们能够更从容地进入正式写作阶段。

写作阶段注重内容表达。鼓励学生专注于内容的生成，而不是拘泥于语法或拼写的正确性。这种方式减少了学生对语言错误的过度担忧，有助于他们大胆表达自己的想法。学生能够根据前期制定的思维导图和自由写作内容，迅速转化为正式初稿，提高了写作的效率和连贯性。

写作后的同伴编辑活动让学生通过阅读他人文章学习新的写作技巧，同时在相互反馈中发现自己写作中的问题。这一活动不仅促进了同伴间的交流，还让学生在实际操作中提升了审稿能力。通过修订环节比较新旧版本，让学生明确自己的进步，提高修改能力。校对环节中校对符号的使用使学生熟悉校对辅导，对于将来他们成为英语教师、批改学生写作，提升教学技能大有益处。教师通过一对一或小组见面会，这种辅导形式增加了学生对写作的投入感，有助于解决普遍性问题和个体差异。

9.2 英语语言知识教学过程

9.2.1 语言技能教学与语言知识教学

语言技能（听、说、读、写）教学与语言知识（语音、语法和词汇）教学在重点、目标、教学方法、评估方式以及实际应用等方面存在差异，同时又相辅相成。

在教学重点上，语言技能的教学侧重于语言的实际应用和使用，强调在真实情境中发展学生的沟通能力和理解能力。例如，通过听力练习帮助学生理解播客内容，通过写作练习引导学生撰写电子邮件或文章，通过阅读提升学生的文本分析和略读能力，通过口语训练提高学生在对话和演讲中的表达能力。而语言知识的教学则更加注重语言的规则、准确性和基础要素，主要研究语言的结构及其组成部分。例如，学习时态的语法规则、练习元音的正确发音或记忆特定主题的词汇，帮助学生在语言的使用中更加规范和准确。

在教学目标上，语言技能的目标是让学习者能够在各种情境中进行有效沟通，并参与有意义的互动。这些技能的培养注重学生流利性、理解能力和适应能力的提升，例如，在听力中提取主旨或在讨论中流利表达。而语言知识的目标则在于为正确理解和使用语言打下基础，提高语言的准确性和对语言规范的意识。例如，学习在句子中正确使用动词形式或掌握单词的准确发音，从而为语言技能的发挥提供有力支持。

在教学方法上，语言技能教学通常采用任务型学习或交际法，强调通过实际任务整合多种语言能力。例如，听写、听播客或听力理解练习可以提升听力能力；角色扮演、辩论和对话练习则增强口语表达能力；通过略读、精读和分析文本，学生能够提高阅读理解水平；撰写文章、电子邮件或创意写作则能够锻炼学生的写作能力。而语言知识教学更侧重于规则的明确讲授和反复练习，例如，通过重复音标和语调练习强化发音，通过填空和句子改写练习掌握语法规则，通过单词卡片或单词游戏记忆和运用词汇。

在评估方式上，语言技能通常通过基于表现的任务来进行评估，关注学生在真实情境中的语言运用能力。例如，听力通过理解听力材料回答问题，口语通过口头演讲或对话展示能力，阅读通过回答阅读理解问题或总结文本内容进行评估，写作则通过撰写连贯且结构清晰的文章来衡量。而语言知识的评估则以形式导向为主，检测学生对语言规则的掌握程度。例如，发音可以通过语音转写或口头重复测试，语法可以通过选择题或错误纠正练习来评估，词汇则通过匹配单词与含义或在句子中正确使用词汇的练习来检测。

在整合性上，语言技能和语言知识密切相关且互为依托。语言技能是相互依赖的，例如，听力有助于口语表达，阅读为写作提供灵感和信息来源，而口语和写作往往依赖于听力和阅读的理解能力。例如，一个口语任务可能需要学生通过听取对话来获取语境信息。而语言知识则为语言技能的应用提供了坚实基础，例如，语法知识支持写作的准确性，丰富的词汇量提升了阅读理解能力和口语流利度，正确的发音知识确保口语交流的清晰度。

从认知需求来看，语言技能涉及高阶思维和情境化的应用，要求学习者在实时环境中处理并输出语言，例如，在对话中快速反应或在阅读过程中即时理解内容。而语言知识更注重记忆、规则的应用和控制性练习，通常较少涉及即时处理，例如，通过记忆单词含义或应用语法规则完成练习。

在实际生活的相关性上，语言技能直接与日常生活、工作或学术场景的语言使用相关，例如，撰写文章、阅读新闻或参加会议。而语言知识则通过提供有效沟通的工具间接支持语言的实际使用，例如，正确使用介词或时态可以增强语言表达的准确性和规范性。

语言技能教学注重语言的实际使用，强调流利性和沟通能力；而语言知识教学关注规则的掌握和准确性，强调语言基础的扎实性。有效的语言教学将两者结合：语言知识是构建语言能力的基础，语言技能则是交流中的实际应用。例如，教授语法（知识）对于写出准确的句子（技能）是必要的，而教授发音有助于确保有效的口语交流。

9.2.2 语音教学过程

语音是语言学习中不可或缺的重要部分，它直接关系到语言交流的效果。准确的发音能够帮助学习者清晰地表达自己的想法，并确保他人能够顺利理解，从而减少误解和沟通障碍。同时，具备良好发音的学习者通常会在交流中更加自信，这种自信心会激励他们更加主动地参与对话和互动，进一步提升语言能力。

然而，教授语音的目标并不是要求学习者完全模仿母语者的完美发音，因为这种目标不仅难以实现，还可能增加学习者的压力和挫败感。相反，语音教学的目的是帮助学习者达到一种足够准确的发音水平，使他们的表达能够被他人轻松、舒适地理解。这样的教学方法不仅更具实用性，也能让学习者在实际交流中获得成就感和满足感，从而更加热爱语言学习的过程。

一般来说，语音教学可以依据多种理论和方法进行设计和实施，其中包括行为主义理论、对比分析理论、交际法以及人本主义学习。这些方法各有侧重点，适用于不同的教学目标和学习者需求。

(1) 行为主义理论：行为主义理论强调发音的标准化教学。其教学过程通常从字母发音和音素学习开始，通过重复和模仿句子或对话，帮助学生掌握正确的发音模式。在教学过程中，学生的错误会被及时纠正，以确保他们能够尽快养成准确的发音习惯。这种方法适合初学者或需要打下坚实发音基础的学习者。

（2）对比分析理论：对比分析理论则更加关注高层次的发音教学。其目标不仅限于教授单个元音和辅音的发音，还包括更复杂的发音内容，如句子重音、连读、节奏和语调等。通过比较目标语言和母语的差异，帮助学生更好地理解发音规律，并克服母语对目标语言发音的干扰。这种方法适合对语言整体流利度和自然性要求较高的学习者。

（3）交际法：交际法主张将发音教学融入实际的交际活动和语言功能训练中，例如，通过对话、角色扮演或其他互动性活动，让学生在真实语境中练习发音。然而，这种方法通常不强调对发音规则的详细分析与解释，更注重通过实际使用来潜移默化地提高学生的发音能力。这种方法特别适合需要在短时间内提高实际交流能力的学习者。

（4）人本主义学习：人本主义学习分析则将重点放在学习过程中的情感因素上。教师在教学中会尽量避免公开纠正学生的发音错误，以免造成学生的尴尬或自信心受挫。相反，他们通过更温和的引导方式，帮助学生发现问题并进行自我纠正。这种方法适合对情感敏感的学习者，能够营造更加轻松、愉快的学习氛围，激发学习者的内在动力。

9.2.2.1　元音和辅音

在英语语音中，元音（vowels）和辅音（consonants）是构成语言发音系统的两大核心要素。

元音可以分为单元音（Monophthongs）和双元音（Diphthongs）。单元音指发音过程中舌位和口形保持不变的元音，包括短元音和长元音。短元音有/ɪ/、/e/、/æ/、/ʌ/、/ɒ/、/ʊ/、/ə/，长元音有/iː/、/ɑː/、/ɔː/、/uː/、/ɜː/。双元音由两个单元音组成，发音时舌位或口形会发生变化，包括/eɪ/、/aɪ/、/ɔɪ/、/aʊ/、/əʊ/（常见于英式英语，类似于美式英语的/oʊ/）、/ɪə/、/eə/、/ʊə/（主要用于英式英语，现代英语中/ʊə/ 已较少使用）

辅音是指发音时气流受到阻碍的声音，按发音方法和部位可分为爆破音、摩擦音、鼻音、塞擦音等。英语辅音的具体音标有爆破音/p/、/b/、/t/、/d/、/k/、/g/；摩擦音/f/、/v/、/θ/、/ð/、/s/、/z/、/ʃ/、/ʒ/、/h/；塞擦音/tʃ/、/dʒ/；鼻音/m/、/n/、/ŋ/以及近音和边音/l/、/r/、/w/、/j/。

行为主义理论强调通过重复和模仿来掌握发音规则。在教学中，教师可以先示范单个元音或辅音的正确发音，学生通过反复模仿和练习来巩固学习效果。如果学生出现错误，教师应及时纠正，以帮助他们形成准确的发音习惯。这种方法通过强化练习，实现对语音规则的内化。

对比分析理论更加关注母语与目标语言在音素上的差异。通过比较和分析，学生可以更有效地解决发音问题。例如，教师可以引导学生认识到母语和目标语言中的发音区别，如英语中的/θ/ 和 /ð/对许多非母语学习者而言是难点。针对容易混淆的音素（如/v/ 和 /w/），教师可以设计专门的练习，帮助学生减少母语干扰，从而准确掌握这些发音。

交际法则将元音和辅音的学习融入实际交流中，以提升学生的语言使用能力。这种方法强调通过真实情境练习发音，例如，利用绕口令、角色扮演或游戏活动来练习音素发音。如通过句子“Peter Piper picked a peck of pickled peppers”的练习，让学生感知并掌握/p/和/b/的发音差异。此外，教师还可以结合语调、节奏和连读练习，帮助学生提升整体语言流利度。

人本主义学习关注学习过程中的情感因素，强调在轻松的学习氛围中引导学生进行发音练习。教师在教学中不应直接指出学生的发音错误，而是通过鼓励和正面反馈，增强学生的自信心。此外，通过听力练习和引导，学生可以逐渐发现自己的发音问题并进行自我调整，从而在尝试中不断进步。

9.2.2.2 连读

连读（Sound linking）是英语连贯语音中的一种现象，指在两个单词的边界处声音相互连接，从而使语流更加流畅和自然。这种现象通常发生在一个单词的结尾和下一个单词的开头，涉及音素的融合或连接。连读主要有以下几种类型。

连接音（Linking Sounds）是指通常不发音的音（如/r/）在单词之间被发出来，用于连接两个单词。“Here are” 发音为/hɪər‿ɑː/。在“here”末尾通常不发音的/r/在连读时发出来，连接后面的元音“are”。

插入音（Intrusion）是指在两个元音之间插入一个音（通常是/r/、/j/或/w/）以便发音更加顺畅。例如“Law and order”变为/lɔː‿r‿ənd‿ɔːdə/（插入/r/）。“I saw it”变为/aɪ‿sɔː‿w‿ɪt/（插入/w/）。“She is”变为/ʃiː‿j‿ɪz/（插入/j/）。

连贯发音（Catenation）是指一个单词的尾部辅音直接连接到下一个单词的开头元音。例如“Get it”发音为/get‿ɪt/。“Turn off”发音为/tɜːn‿ɒf/。

省音（Elision）是指在快速语速中某些声音会被省略，从而使语音连接更加流畅。例如“Next day”可能会发成/nekst‿deɪ/，省略了/t/。

行为主义理论通过重复和模仿的方式练习连读。教师可以示范并引导学生反复练习连读短语和句子，如“go on”（/gəʊ‿ɒn/）或“an apple”（/ən‿ˈæpl/），同时在学生出现错误时及时纠正。

对比分析理论通过对比学习者母语与英语的发音规则，帮助学生理解连读的规则和特点。学生的母语是中文。中文中音节通常是清晰分开的，例如“我 爱 你（wǒ ài nǐ）”中的每个字发音独立。与此相比，英语强调语流的连贯，例如：“I love you”常发为/aɪ‿lʌv‿juː/，/v/ 和 /j/连读。教师可以让学生对比这两种语言的节奏，分析英语如何通过连读实现语流的自然性。另一常见挑战是学习者无法区分连贯发音和单词分隔，如“pick it up”，学生可能会误听为“pick‿it‿up”的三个独立词。

交际法通过设计真实生活场景，将连读现象融入互动中，让学生在语境中自然练习连读。例如，可以设计订餐场景，要求学生扮演顾客和服务员，并在语流中使用连读。

顾客：“Can I have an apple and an orange?”

连读：/kən‿aɪ‿hæv‿ən‿æpl‿ənd‿ən‿ˈɒrɪndʒ/

服务员：“Sure，would you like a drink?”

连读：/ʃʊr‿wʊd‿jʊ‿laɪk‿ə‿drɪŋk/

人本主义学习强调学习者的自我探索，通过反思和感知母语者语音材料，逐步将连读现象融入语言表达。教师可以布置听力任务让学生听取真实语料，例如，电影《The Devil Wears Prada》中的对话：

“That's all” /ðæts‿ɔːl/

“Take it easy” /teɪk‿ɪt‿ˈiːzi/

让学生标记出连读的地方并尝试模仿，并鼓励学生讨论母语者如何通过连读实现自然流利的语音。

教师还可以播放一段语速适中的播客（如 BBC Learning English）。学生以小组形式记录连读现象，鼓励模仿并自我纠正。例如：

“What do you mean?” /wɒt‿dʊ‿juː‿miːn/

“I don't know.” /aɪ‿dəʊnt‿nəʊ/

让学生回顾自己的录音，与母语者的连读形式对比，反思如何改进。例如，分析“go on” /ɡəʊ‿ɒn/是否自然流畅。

9.2.2.3　重音

英语的重音（Stress）分为单词重音（Word Stress）和句子重音（Sentence Stress）。

单词重音是指在单词中某个音节上施加的强调。在英语中，重读音节通常比其他音节更有力、声音更大，有时音调更高或持续时间更长。正确的单词重音对于正确发音和理解至关重要。单词重音有主重音（Primary Stress）和次重音（Secondary Stress）。主重音是单词中最强的重音，例如，ˈphotograph（/ˈfəʊtəɡræf/），phoˈtographic（/ˌfəʊtəˈɡræfɪk/）。次重音是指相对较弱的重音，但仍明显，例如，

pho'tographic（/ˌfəʊtəˈɡræfɪk/）中，/ˌfəʊ/是次重音。单词重音一般有以下规律，单音节词无须特殊重音规则，整个单词作为一个音节发音（如 cat、book）。双音节词重音位置通常取决于词性，例如，名词/形容词的重音通常在第一个音节（如 Table、HAPpy），动词的重音通常在第二个音节（如 beGIN、reLAX）。多音节词的重音位置受到后缀、前缀或词源等因素的影响，更复杂。

语句重音是指在句子中某些单词上施加的强调，它决定了英语句子的节奏和含义。通常，语句中实义词传递句子的主要意义，需要重读的包括名词（dog）、主要动词（run）、形容词（beautiful）、副词（quickly）。而语句中的功能词是提供语法结构的，通常不重读，如冠词（the）、介词（on）、助动词（is）、代词（he）。语句重音分为普通重音、对比重音以及感情重音。普通重音以中性语调强调句子的主要内容，如 She is GOing to the MARket；对比重音用于强调或澄清特定单词，如 SHE is going to the market，not HIM；感情重音增加情感或强调语气，如 She is REALLY going to the market！

根据不同单词的重读，句子意义会发生变化。试比较一下句子。

[I] didn't say he had stolen my bike.（是别人说他偷了我的自行车，不是我说的！）

I [didn't] say he had stolen my bike.（我根本没说过这件事！）

I didn't [say] he had stolen my bike.（我只是暗示他偷了我的自行车，但没有明确说出来。）

I didn't say [he] had stolen my bike.（我说的是有人偷了我的自行车，但不一定是他说的“他”）

I didn't say he [had] stolen my bike.（我只是说他可能在考虑偷我的自行车。）

I didn't say he had [stolen] my bike.（我只说他拿走了我的自行车，但没有说他“偷”了它。）

I didn't say he had stolen [my] bike.（我说他偷了一辆自行车，但并不是说那辆车是我的。）

I didn't say he had stolen my [bike].（我说他偷了我的某样东西，但不是我的自行车。）

在使用行为主义理论教授重音发音时，可以通过一系列系统化的练习帮助学生掌握重音。

首先，练习辨别重音的音节是一个有效的起点。教师可以播放一组单词的录音，例如，desert（名词）和 dessert，让学生听辨哪个音节是重读音节。接着，在黑板上写出单词，如 present、record 和 object，学生通过拍手来标注重读的音节，从而加强对重音的感知。在此基础上，可以逐步从单词扩展到句子。例如，教师可以先教单词的重音位置，如 photo（第一音节重读），然后引导学生将其扩展到短语 a photo album，最后构建完整的句子 This is a photo album。通过这样的分步骤练习，学生可以更自然地掌握重音的运用。为了增强学生的学习动机，教师可以通过奖励机制强化正确的发音表现，例如，表扬或给予积分。此外，强化常见重音模式也是教学中的重要环节。教师可以总结一些规律性的重音规则，如动词重音通常在第二音节，而名词重音通常在第一音节（如 record）。随后，可以设计填空练习，让学生将单词按照规则填入正确的重音位置，从而进一步巩固学习效果。这种循序渐进的教学方法有助于学生全面掌握英语重音的基本规律。

在使用对比分析理论教授重音时，可以通过比较不同语言的重音特征帮助学生理解和掌握英语的重音规则。首先，教师可以讲解语言之间的重音差异，例如，英语是一种重音时序语言，句子中有明显的重音模式，而汉语作为音节时序语言，更注重每个音节的均匀性。为了加深理解，教师可以提供一个示例句子，如 I want to go to the park，并解释其中 want 和 park 在英语中需要更强烈地强调，而在汉语中可能没有这种显著的重音差别。进一步的教学可以聚焦于重音对语义的影响。教师可以通过例子说明，句子中重音位置的不同会导致语义的变化。例如，在句子 I didn't say he stole the money 中，将重音放在 stole 强调"偷"的行为，而重音放在 he 则强调"他"这一主体。通过这种方法，学生能够意识到重音在句子意义表达中的重要性。接着，教师可以设计练习，让学生尝试对一组句子改变重音位置，并讨论随之产生的语义变化。这种练习不仅能够强化学生对重音的掌握，还能提高他们对语言细微差别的敏感度。

在使用交际法教授重音时，通过融入真实的语境和有趣的活动，可以让学生更自然地感知和运用重音规则。首先，利用歌曲是一种有效的教学方法。教师可以选择节奏感强的英语歌曲，如《We Will Rock You》，让学生跟随节奏，用手拍或脚踏的方式标记歌词中的重音词。这不仅能帮助学生感受英语重音的规律，还能增加学习的趣味性。在熟悉歌曲的基础上，学生可以进一步尝试改编歌词或创作类似重音模式的短句，从而提高主动运用能力。其次，通过在对话中模仿重音，学生能够更贴近实际交流的语境。教师可以选取情景对话，例如在餐厅点餐的对话场景，先朗读或播放录音，让学生模仿其中的重音使用。

A：What would you like to drink?

B：I'd like a coffee, please.

这种练习能够让学生感受到重音在表达重点时的重要作用。为了进一步巩固，情境练习是一个极具互动性的方式。教师可以设计角色扮演活动，例如，一方扮演顾客，另一方扮演服务员，要求学生根据对话情境使用重音突出关键信息。通过这些交际化的活动，学生不仅可以强化对重音的掌握，还能在实际交流中灵活运用，从而提升口语表达的流利度和自然性。

在人本主义学习的框架下，教学活动应注重学生的情感参与和创造力，通过个性化的表达方式帮助他们掌握重音的运用。首先，可以通过创作诗歌激发学生的想象力。教师可以提供一组押韵的词表，例如，light、night、bright，并鼓励学生创作简单的四行诗，重点关注每句中的重音位置。例如，一首学生作品可能是：

The moon is **bright**,
It shines at **night**.
It brings us **light**,
A lovely **sight**.

这种活动不仅帮助学生感知重音的节奏感，还培养了语言的美感和表达力。

其次，通过讲故事活动，学生可以在更自然的语境中练习重音。教师可以展示一些图片提示，鼓励学生基于图片讲述一个小故事。在学生讲述的过程中，教师可以指出重音的重要性，并指导他们如何用重音突出关键信息。随后，学生可以分组创作自己的故事，并在班级中分享，其他学生通过倾听故事，尝试根据重音判断故事的重点，从而加强对重音的理解。

最后，增强情感参与是人本主义学习的重要部分。教师可以鼓励学生描述自己喜欢的事物，例如宠物、电影或家人，并引导他们通过重音表达情感。例如，学生可能会说：I love my dog because he is so cute and playful！这种活动能让学生在个人化的表达中体会到语言的韵律，同时也提升了学习的动力和参与感。这些方法不仅让学生更加自然地掌握重音，还让他们在学习中感受到乐趣与成就感。

9.2.2.4 语调

语调（Intonation）是指在说话时音高的升降，它在传递意义、情感和态度方面起着至关重要的作用。语调是语言中的一个关键部分，它通过音高的变化影响信息的理解，超越了单纯的词汇使用。在英语中，语调有助于通过音高的变化传达不同类型的信息，如疑问句、陈述句、强调和情感等。

英语语调的关键特征主要体现在音高的变化、句型类型、强调与对比、情感表达以及节奏与流畅性上。首先，语调涉及在说话过程中音高的升降。例如，在句子“Are you coming?”中，句末音高上升，表明这是一个疑问句。语调的不同变化与句型类型密切相关：升调通常用于是/否疑问句或表示不确定性时，例如，“Are you coming?”；而降调则常用于陈述句、命令句以及以疑问词开头的疑问句（如“What time is it?”），例如，“I am coming”。除了句型，语调还可以用来强调句子中的某些单词或短语，从而突出信息的重点，比如在句子“I said I would go”中，单词“I”可能会被强调，以突显说话者的意图。

此外，音高的变化在表达情感上也具有重要作用，例如，音高上升可能表示惊讶或兴奋，而音高下降则通常表示冷静或结论。语调与节奏密切相关，二者共同作用帮助创造自然流畅的语流，帮助听者更好地理解说话者的意图和情感状态。语调的重要性不仅体现在澄清句子的意义上，它也能够改变句子的含义。例如，“You're going to the store?”（升调）是一个问题，而“You're going to the store.”（降调）则是一个陈述句。

语调还有助于表达说话者的情感，如惊讶、愤怒、快乐或疑虑等，并能够传达说话者的态度，显示出是否自信、不确定、讽刺或热情。恰当的语调使得口语更加生动、富有表现力，从而提升理解效果，促进有效沟通。语调在口语中占据至关重要的位置，它通过音高的变化赋予语言丰富的意义和情感细节，帮助说话者超越单纯的词语表达自我。

9.2.2.5　弱读

弱读（weak forms）是指某些单词（通常是功能词）在连贯语流中以弱化或减轻的形式发音的现象。这种弱化的发生是因为英语是一种重音节奏语言（Stress-timed Language），优先强调重读音节的节奏，而弱读形式有助于保持这种节奏感。

弱读形式的特点主要体现在元音弱化、音的省略、功能词的使用以及依语境变化等方面。首先，弱读形式通常会将完整的元音替换为中性元音/ə/（schwa），这是一种中性且无重读的音。例如，“can”在单独发音时读作/kæn/，而在语流中则弱化为/kən/（如“I can do it.”）。其次，某些辅音在弱读形式中可能被省略或弱化，例如，“and”常被读作/ənd/或/ən/（如“bread and butter”）。此外，弱读形式主要出现在功能词中，常见于助动词（is，have，do）、介词（to，for）、冠词（a，the）、连词（and，but）以及代词（him，her）等词类中。最后，弱读形式具有依语境变化的特点：通常出现在句子的非重读位置，但当需要强调或对比时，这些词会恢复到强读形式。例如，“I went to the park”中的“to”读作/tə/，而在强调时则读作“I said TO the park，not FROM the park.”这些特点共同体现了弱读形式在连贯语流中的重要性。

9.2.2.6　不完全爆破

不完全爆破（incomplete plosion）指的是语音中爆破音的完全释放没有发生的现象。它通常出现在英语口语中，当爆破音（如/p/、/b/、/t/、/d/、/k/或/g/）后面跟随其他辅音时，爆破音的完全释放没有发生，而是以较轻或不完全的方式释放。这是连贯语流中的一种自然现象，有助于保持口语的流畅和节奏。

不完全爆破通常出现在几种情况下。首先，当爆破音后面跟随除/s/和/r/之外的其他辅音时，爆破音可能不会完全释放，而是部分阻塞，使语音更加流畅。

例如，在单词“apron”（/æprən/）中，/p/音没有完全爆破，而是变得更柔和；同样，“across”（/əkrɒs/）中的/k/后面跟着/r/，爆破音也可能没有完全发出。其次，在快速或随意的语速中，为了提高语速，爆破音的释放往往会被弱化或省略。例如，在日常对话中，“I don't know”可能会听起来像“I don'know”（/aɪ dən´noʊ/），其中的/t/音被部分或完全省略。再次，当爆破音出现在音节或单词的末尾时，特别是后面跟随其他辅音时，爆破音可能没有强烈的爆破感。例如，“backroom”（/ˈbækˌrʊm/）中的/k/音可能没有完全爆破，使得语流更为自然流畅。最后，在复合词或复杂辅音群中，爆破音往往不会完全释放，以便更顺畅地过渡到下一个辅音。例如，“bedroom”（/ˈbɛdruːm/）中，第一个音节的/d/音可能没有完全爆破，使得辅音群过渡更加平滑。

9.2.2.7 节奏

在英语发音中，节奏（Rhythm）指的是语音中重读音节和非重读音节的排列模式。它是重音节奏语言（如英语）的一个关键特征，其中节奏由重读音节（发音较长且较响亮）和非重读音节（发音较短且较轻）之间的规律性交替决定。这种节奏感在语流中创造了流动性和节奏感，使英语的发音具有一种独特的“节拍”，与音节节奏语言（每个音节的时间大致相等）有所不同。

英语发音中的节奏是由多个关键要素构成的，其中最重要的要素之一是重音节奏。在英语中，重读音节之间的时间大致相等，无论它们之间有多少个非重读音节。以句子“I can't believe it!”为例，重读音节是“can”“believe”和“it”，而非重读音节的时间则被缩短，以保持整体的节奏感。这种重音节奏使得英语发音显得有规律和流畅。

除了重音节奏外，重读和非重读音节的区别也是英语节奏的重要组成部分。重读音节通常发音更响亮、清晰，并且发音时间稍长。相比之下，非重读音节通常较短、强调较少，并且可能发生元音弱化（例如/ə/音），使得整体语音更加自然和流畅。

语调与节奏密切相关，二者相辅相成。语调指的是语音中的音高升降，它不仅影响节奏的感知，还能表达情感、疑问或强调。节奏关注的是音节之间的时间安排，而语调则通过音高的变化塑造语音的旋律，使得语言更加富有表现力。

在连贯语流中，英语使用者常常将单词连在一起，通过使用弱读形式或简化形式（如“gonna”替代“going to”）来保持语流和节奏感。这种连贯性使得语言听起来更加自然，同时也有助于提高语言的流畅度和理解度。

9.2.3 语法教学过程

在英语教学中，是否需要明确教授语法一直是一个备受讨论的话题。许多教育者持有折中的观点，认为年轻学习者可以不必特别强调语法教学，因为他们通常能通过语言接触和互动，自然地习得语法规则，尤其是在沉浸式学习环境中。这种语言习得方式更接近母语学习的过程，因此语法往往在无意识中被吸收和掌握。相比之下，年长的学习者，尤其是成人，通常更能从明确的语法教学中受益。由于他们具备较强的认知能力，可以主动理解和分析语法规则，从而提高语言使用的准确性和流利度。

然而，在我国，英语作为外语的学习背景与母语学习环境有很大不同。大多数学习者接触英语的机会主要集中在课堂上，缺乏自然语言环境的沉浸式体验。因此，期望学习者像学习第二语言那样自然习得英语语法并不现实。毕竟，英语作为外语，学习者缺乏日常交流和实际使用的机会，语言的输入和输出也相对有限，这使得单纯依赖语法的自然习得变得困难。

行为主义语法教学与交际语法教学是两种不同的语法教学方法。行为主义源于学习心理学理论，认为语言习得是一个通过习惯形成的过程。在这一观点下，学习者通过反复接触、模仿、强化和纠正来掌握语法。这种方法在 20 世纪中期具有重要影响，并且对传统语言教学方法，特别是听说法（Audio-lingual Method），产生了深远的影响。交际语法教学基于交际语言教学法，该方法于 20 世纪 70 年代应运而生，旨在回应传统的、以形式为主的教学方法。交际语言教学法强调语言应当服务于真实的交流，注重意义和流利度，而不仅仅是语法的准确性。

这两种方法在语言习得的基本理论、教学方法和学习目标上存在不同。它们分别代表了语言教育中不同的思想流派，并且各自对语法的教学和学习方式有着不同的理解和实践。以下是这两种方法的具体区别，见表 9-8。

表 9-8　行为主义语法教学和交际语法教学不同点

方面	方法	
	行为主义语法教学	交际语法教学
理论基础	学习是通过强化和重复形成习惯的过程	学习基于交流和语言的社会使用
重点	关注形式（正确的语法使用）	关注使用（语法在真实交流中的应用）
教学方法	明确地指导、练习和重复	基于语境的、以意义为基础的活动（例如角色扮演、讨论）
教师角色	以教师为中心，教师指导所有活动	以学习者为中心，教师促进交流

续表 9-8

方面	方法	
	行为主义语法教学	交际语法教学
学习者角色	学习者是被动的接受者，进行重复和模仿	学习者是主动的参与者，参与交流
语法教学	语法作为孤立的规则和结构进行教学	语法在交流的语境中进行教学，重点是流利度
错误纠正	立即纠正错误，以强化正确形式	为了流利性错误会被容忍，根据需要进行纠正
目标	语法使用的准确性和习惯形成	流利的交流，恰当地在语境中使用语法
例子	句型练习、替换表格	角色扮演、信息差活动、讲故事、任务型学习

下面将分别介绍如何通过交际语法教学法和行为主义语法教学法来呈现不定式作为宾语补足语和目的状语的教学过程，见表 9-9 和表 9-10。

表 9-9 交际语法教学过程

主题：濒危动物（Animals in Danger）
语法内容：不定式作宾语补足语与目的状语（The Usage of Infinitives as Object Complements and Adverbials of Purpose）
教学方法：交际语法教学法

步骤	活动
复习与导入	1. 回顾：简要回顾课文内容，特别是与语法相关的部分。 2. 不定式复习：介绍不定式作为宾语补足语和目的状语的用法。 —宾语补足语：如 *She wants the animals to be safe.* —目的状语：如 *He came here to help the animals.*
布置任务（制订野生动物俱乐部计划）	3. 任务：告诉学生制订一个为保护濒危动物的俱乐部计划。 4. 讨论：考虑俱乐部需要在哪些方面做准备：理由、地点、时间、成员、活动等
匹配句子	5. 学生将句子第一部分与第二部分匹配。 第一部分： They let the elephants ________ We want the animals ________ We should not allow the situation ________ Help us ________ They came here ________

续表 9-9

步　骤	活　　动
匹配句子	第二部分： to help. to become dangerous. to plant more bamboo. to live in the nature park. to be safe.
用正确单词形式完成句子	6. 提供词汇（如：develop，feed，save，tell），学生完成句子。 —The government is trying ________ plans to protect endangered species. —He sent an email ________ people what was happening. —In order ________ the pandas，people will grow more bamboo in the mountains. —The zoo asks us not ________ the animals.
完成任务（制订野生动物俱乐部计划）	7. 学生分组或搭档完成句子： —We started this club because we want to ________ （reason）. —We started this club in order to ________ （purpose）. —We would like ________ （who） to ________ （what）. —We want to decide ________ （what） to ________ （how）. —We need to tell people about ________ （where/when）.
总结与复习	8. 总结本节课重点：不定式作为宾语补足语和目的状语的用法。 9. 练习：请学生分享他们的句子，提供反馈并鼓励学生正确使用不定式。 10. 作业：写一段短文，要求使用两种类型的不定式（宾语补足语和目的状语）

表 9-10　行为主义语法教学过程

主题：濒危动物（Animals in Danger）
语法内容：不定式作宾语补足语与目的状语（The Usage of Infinitives as Object Complements and Adverbials of Purpose）
教学方法：行为主义语法教学法

步　骤	活　　动
导入与语法呈现	1. 语法呈现：教师通过明确的例句向学生展示不定式的用法。例如： —宾语补足语：She wants the animals to be safe. —目的状语：He came here to help the animals
模仿与重复练习	2. 教师展示几个完整的句子，并要求学生跟读并模仿。例如： —They let the elephants live in the nature park. —We want the animals to be safe. 3. 学生大声重复，教师进行强化纠正

续表 9-10

步骤	活动
句型操练（填空与替换练习）	4. 提供一组半完成的句子，要求学生填入适当的不定式形式。 —We want the animals ________ （to be） safe. —He came here ________ （to help） the animals. 5. 提供替换练习，学生将句中的动词替换为其他合适的动词，形成新的句子
强化纠正与反馈	6. 教师检查学生的作业或口头回答，并对学生的错误进行即时纠正。强调正面反馈，鼓励学生在实践中正确使用不定式。对学生的错误进行讲解，确保学生理解并能改正
操练与应用（句子转换与写作练习）	7. 给学生一组句子，并让他们将句子的结构替换为不同的形式。例如： —从宾语补足语改为目的状语：We want the animals to be safe. →We want to save the animals. 8. 学生完成一段小短文，介绍他们的野生动物保护计划，要求使用不定式
总结与复习	9. 总结不定式作为宾语补足语和目的状语的主要用法。 10. 重申不定式的常见结构和用法，并通过快速提问测试学生的掌握情况。 11. 提供简短的总结，强调重要的语法点

首先，以上语法教学过程体现了交际语法教学原则，因为它围绕一个有意义的、现实生活中的任务（成立一个野生动物保护俱乐部）展开。学生们被要求在语境中使用语法表达他们的想法，这正是交际语言教学法的核心特征。目标是让学生用语法来有效地交流，而不仅仅是练习孤立的语法规则。其次，这节课的重点是使用不定式作为宾语补足语和目的状语，并且这些语法点是在真实的交流任务中使用的。例如，学生们被要求形成类似于“我们成立这个俱乐部是为了保护濒危物种”这样的句子，其中语法帮助传达意义，而不是单纯关注形式。最后，本节课中教师的角色更多是作为促进者，指导学生进行有效交流并使用语言。例如，学生被鼓励自己创作句子并分享自己的想法，而不是被动地重复语法形式。

以上语法教学过程体现了行为主义语法教学原则，因为它通过明确的教学步骤为学生提供了一个结构化的学习框架。在课堂中，教师首先通过“语法呈现”清晰地引导学生理解不定式的基本用法，接着通过模仿和重复练习帮助学生加深记忆并准确掌握句型结构。这样的步骤符合行为主义强调的通过反复练习和强化来帮助学生内化语法规则。在后续的句型操练与反馈环节，教师通过即时纠正学生错误，确保学生养成正确的语法习惯，同时也通过积极的正向反馈激励学生参与练习。这一环节的设计突出了行为主义的核心——通过强化和纠正帮助学生形成正确的语言使用习惯。

9.2.4　词（词汇）教学过程

“词”（word）和“词汇”（vocabulary）是英语教学中常见的两个术语，它们虽相关，但在语言和语言学中有不同的含义。“词”是语言的基本单位，承载着具体的意义。它可以独立使用，也可以与其他词语组合成句子形成更复杂的表达。一个词可能是名词、动词、形容词或副词等，它具有特定的形式和意义。例如，“cat”“run”“quickly”和“happy”都是词。而“词汇”指的是一个人或群体所知道和使用的所有词，或是某种语言中所有的词汇集合。它是一个更广泛的概念，涵盖了说话者理解和使用的所有词汇。一个人的词汇可能包括成千上万的词，既包括他们认识的词（被动词汇），也包括他们常用的词（主动词汇）。

在英语教学中既会教授单个词也会教授词汇，但两者的教学方法和侧重点有所不同。通常，在语言学习的早期阶段，教师会侧重于教授单个词，帮助学生掌握基本词汇。这些词汇是学生进行有效交流所必需的基础。比如，初学者可能会首先学习常见的名词（如“dog”“house”）、动词（如“eat”“run”）和形容词（如“big”“happy”）。教授单个词有助于学生建立语言的基础词汇，使他们掌握构建语言的基本元素。为了教学的有效性，教师会通过词汇卡片、词汇列表或词语联想游戏等方式，帮助学生掌握词汇的意义、发音和拼写。

然而，随着学生水平的提高，教学的重点会转向词汇这一更广泛的系统。此时，教师不仅帮助学生学习个别词汇，还会教授词汇之间的关系，如同义词、反义词、搭配、词根和词缀等。比如，学生不仅要学习“run”这个词，还会学习其变体“runner”“running”和“ran”，以及相关短语，如“go for a run”或“sprint”。教授词汇的目标是拓展学生的语言知识，使他们能够在不同语境中准确、恰当地使用词汇。这不仅仅是记住单个词汇，更重要的是理解词汇如何组合以表达更复杂的思想和概念。为了达到这一目标，教师通常会采用以下几种方法。

语境学习：通过阅读文本、听对话、练习对话等方式，教授学生如何在真实语境中使用词汇。

主题学习：围绕特定主题（如“食物”“天气”或“旅行”）进行词汇教学，使学生能够掌握与主题相关的词汇。

词根与词缀：教授学生如何通过理解词根和词缀的变化来识别相关词汇（例

如，通过加“-ed”使动词变为过去式）。

搭配与习语：帮助学生掌握常见的词语搭配和习惯用语，提升他们的表达自然度和地道性（如“make a decision”“strong coffee”）。

单个词与词汇教学的主要区别在于，单个词通常是孤立地教授，重点放在词的意义、发音和拼写上，主要在初级或中级阶段进行，以帮助学生打好语言基础。而词汇则被作为一个相互关联的系统来教授，注重词汇之间的联系以及如何在不同语境中灵活使用，通常出现在中级或高级阶段，以帮助学生拓宽语言的深度和广度。

尽管如此，单个词与词汇的教学并非应严格区分，因为两者都是学习语言的核心组成部分。掌握单个词是进行基本交流和表达具体意义的前提。如果学生没有掌握基本的词汇，他们将难以构建起完整的句子。然而，随着学习者的不断进步，掌握更广泛的词汇能使他们更流利、更精准地表达自己的思想，并能理解和参与更复杂的对话。词汇的扩展不仅提高了学习者的流利度，还增强了他们的理解能力和表达能力。因此，词汇的学习在英语教学中占据着重要的地位。

以下是一份基于主题学习法，以“sports”为主题的词汇教学过程，见表9-11。

表9-11　主题学习法词汇教学过程

步　骤	活　　动
引入	1. 展示一张关于教师本人运动的图片，通过句式“... is my favorite sport because... not only makes me healthy but also... ”引导学生进入体育主题
启发与词汇引导	2. 通过阅读一篇关于奥运会的短文，采用思维导图的方式分类归纳相关词汇。如：event（体育赛事）、participant（参与者）、benefits（益处）
输入	3. 展示不同体育项目的图片，学生描述并提供更多与体育赛事和参与者相关的词汇。 体育赛事相关词汇：baseball，sports events，a relay race，boxing，running，jumping，volleyball，football，basketball，badminton，table tennis，skiing，cycling，diving，shooting，bowling，swimming... 。 参与者相关词汇：athletes，teams，runner，coach，judge，competitor，captain，fan，audience... 。 4. 提问学生："What are the benefits of doing sports?"然后引导学生思考并介绍更多与运动的益处相关词汇和短语（如 relieve stress，enrich our life，make us relaxed，keep us in good shape，have enough energy to study，live a happy，long life，keep healthy，fit build up body 等）。 5. 提供一些与体育相关的句子，要求学生用不同的词汇替换句中的下画线部分。 例1：As we all know，many athletes take part in the Olympic Games，which is held every four years. 使用同义词替换 take part in

续表 9-11

步 骤	活 动
输入	例 2：原句：The Olympic Games is held in honor of the Greek god Zeus. 替换句：The Olympic Games is hosted *in memory of* the Greek god Zeus. 6. 提供与体育相关的句子，要求学生找出相应的同源词。 例子：Competitors are eager to compete for the gold medals and deserve the glory for our country. compete：competitor，competition，competitive. 7. 总结并展示思维导图，回顾所有相关词汇
练习	8. 任务（1）个人练习。填空练习，填写正确的单词形式（如 sport、compete、prize 等）。 9. 任务（2）小组活动。使用给定短语翻译句子，促进学生在小组内讨论和合作
输出	10. 学生写一篇短文，介绍学校的校运会。重点包括时间和地点、比赛项目、目的和意义等要点
作业	11. 写一封信给英国朋友 Peter，介绍学校的体育场馆、运动项目以及你喜欢的项目

以上的词汇教学过程设计清晰、结构合理，使用了主题学习法来帮助学生围绕“体育”主题扩展词汇。通过引导学生思考、图片展示、词汇替换等活动，能够有效地提高学生对体育相关词汇的掌握与运用能力。尤其是课堂活动如填空练习、小组翻译和写作任务，具有较强的实践性，有助于学生在实际情境中灵活应用词汇。在词汇教学过程中，还可以适当融入更多关于体育文化的内容，例如，介绍不同国家的体育活动和赛事规则，学生不仅学习了语言，还能更深入地了解体育背后的文化和历史。

10　英语课堂管理

在英语课堂中，时间、纪律和互动是课堂管理的三大关键要素。由于英语课堂通常包括听、说、读、写等多方面技能的培养，教师不仅要管理好课堂秩序，还需要灵活调整教学进度和内容，同时激发学生的参与感和学习兴趣。如何平衡这三个关键要素，是一堂有效英语课的重要标志。

10.1　时间管理

在英语课堂中，时间管理对于确保语言输入（听、读）和产出（说、写）的平衡至关重要。

10.1.1　时间规划与活动安排

英语课堂通常包括新知识讲解、练习、互动、总结等环节。每个环节的时间应根据目标进行合理分配。例如，讲解新知识通常可以占据较大一部分时间，但练习和互动环节同样重要，需要足够的时间让学生消化和应用新知识。因此教师可以明确每个活动的时间限制。口语练习可以限制在5～10分钟，听力理解练习可以适当延长，但必须确保每项活动不拖沓，以免浪费时间。教师可以使用课堂计时器或手机提醒来控制时间。

10.1.2　高效过渡

英语课堂中，活动间的过渡时间要尽量缩短，避免无意义的停顿或混乱。例如，从听力练习过渡到小组讨论时，可以通过快速提问、复习或总结来使学生进入下一环节。过渡时应简洁且有针对性，帮助学生集中注意力。此外，每个环节都应有明确的开始和结束时间，避免讲解或活动过长造成学生疲劳，尤其是在语言学习的初期阶段，学生集中注意力的时间有限。

10.2 纪律管理

在英语课堂上，纪律管理不仅关乎秩序，还与学生的心理安全感、参与感密切相关。纪律问题若处理不当，容易让学生产生抵触情绪，影响学习效果。

10.2.1 清晰的课堂规则

在学期初，教师应和学生共同制定课堂规则。例如，不打断他人发言、鼓励用英语交流等。在英语课堂中，特别要注重语言使用的规则，鼓励学生尽量用英语进行交流，即使表达不完全也要鼓励其勇敢尝试。纪律规则应始终如一地执行，尤其是对于语言交流中的规则。例如，学生在小组讨论时不应使用母语，教师应一致地执行这一规定，避免某些学生因规则不明确或执行不一致而产生不满。

10.2.2 积极管理课堂行为

教师应更多地通过积极的强化来鼓励学生，尤其是口语表达和参与的积极性。在英语课堂中，学生通常会有较强的羞耻感和不自信，教师可以通过赞扬、奖励等方式鼓励学生的发言和尝试。对于不遵守课堂纪律的学生，教师应通过温和、明确的干预来调整他们的行为。如果学生没有遵循用英语交流的规则，教师可以通过提问、示范或轻微的提醒让学生意识到行为不当，但不应直接惩罚或打击学生的积极性。

10.3 互　　动

互动是英语课堂中至关重要的一环，良好的互动不仅能提高学生的语言技能，还能增强他们的学习兴趣和动力。

10.3.1 多样化的互动形式

英语课堂中，教师可以通过小组讨论、角色扮演、对话练习等方式促进学生的语言输出。通过模拟日常情境或实际应用场景，学生可以在轻松的环境中练习口语，增加语言输出的机会。教师在课堂上应鼓励学生多提问，自己也要频繁与学生互动。教师的提问不仅应关注知识的掌握，还应注重激发学生思维。例如，可以通过开放性问题来引导学生思考和表达他们的观点，帮助学生在课堂上获得更多的语言输入。

10.3.2 激发学生参与的策略

为了让每个学生都有机会参与，教师可以采用轮流发言的方式，避免某些学生主导整个讨论，其他学生则沉默不语。特别是在小组活动中，教师可以根据学生的语言能力和表现，确保每个学生都有发言机会。对于英语能力较弱的学生，教师可以给予更多的关注和鼓励，通过一对一的互动帮助学生克服语言学习的障碍。例如，教师可以通过个别指导，帮助学生纠正发音或语法错误，增强他们的自信心。为了提升课堂互动性，可以通过游戏、竞赛等形式，比如词汇竞赛、拼写比赛等既能增强学生的语言积累，又能增加课堂的趣味性和学生的参与度。

10.4 平衡三者的策略

在英语课堂中，时间管理、纪律管理与互动的平衡并非孤立存在的，它们相互依赖、相辅相成。以下是如何平衡这三者的几点建议。

10.4.1 灵活调整时间与互动

教师可以根据课堂氛围调整时间分配。如果学生对某一话题表现出极大兴趣，教师可以适当延长互动时间，但要注意不超时，以免影响后续内容的教学。

10.4.2 纪律和互动的统一

纪律的维护不仅是为了保持秩序，更是为了保障互动的有效性。例如，在讨论环节中，教师可以通过轻微的纪律提醒（如“请用英语发言”）来促进学生参与，并且在学生正确使用英语时给予正向反馈。

10.4.3 时间与纪律的配合

在课堂活动的时间管理中，教师需要严格把控每个环节的时间，但也要灵活应对课堂的实际情况。如果某个环节的互动热烈，教师可以适当延长时间，但要始终保持课堂秩序的稳定。

有效的英语课堂管理是教师提升教学效果的关键。通过合理的时间管理、清晰的纪律规则和充满互动的教学设计，教师可以为学生创造一个高效、活跃的学习环境。在这个过程中，教师的灵活性和创造性将是课堂成功的关键所在。

参 考 文 献

[1] 林崇德．师魂：新时代师德八讲［M］．杭州：浙江教育出版社，2022.

[2] 黄伟．“一践行三学会”：新时代教师专业发展的新要求［J］．北京教育（普教版），2018（8）：19.

[3] 王文斌．少数民族基础外语教育的思想自觉和自觉行为［J］．云南师范大学学报（哲学社会科学版），2020（5）：22-30.

[4] 冯智文，原一川．语言扶贫背景下云南边疆民族地区基础外语教育调查研究［J］．云南师范大学学报（哲学社会科学版），2020，52（5）：31-40.

[5] 刘道义，郑旺全．改革开放40年中国基础英语教育发展报告［J］．课程·教材·教法，2018（12）：12-20.

[6] 蒋炎富．新时代中学英语教学融入德育的创新实践与思考［J］．基础外语教育，2024（42）：3-9.

[7] 杨扬．素养导向的学科德育：以初中英语学科为例［J］．上海课程教学研究，2024（45）：40-45，80.

[8] 戴佳敏．基于英语学科特点的德育路径探寻［J］．上海教育科研，2014（47）：62-63，72.

[9] 中华人民共和国教育部．普通高中英语课程标准（2017年版　2020年修订）［S］．北京：人民教育出版社，2018.

[10] 夏谷鸣．作为英语学科核心素养的语言能力内涵分析［J］．兴义民族师范学院学报，2018（1）：103-109.

[11] 鲁子问，张荣干，陈晓云．《义务教育英语课程标准（2022年版）》解释与课例·初中英语（微课版）［M］．上海：华东师范大学出版社，2022.

[12] 刘道义．论英语学科核心素养中的文化意识［J］．中小学课堂教学研究，2018（6）：3-8.

[13] 陈则航，王蔷，钱小芳．论英语学科核心素养中的思维品质及其发展途径［J］．课程·教材·教法，2019（1）：91-98.

[14] 夏谷鸣．作为英语学科核心素养的学习能力内涵分析［J］．兴义民族师范学院学报，2018（84）：96-100.

[15] 马利红．英语学科素养内涵探析［J］．基础外语教育，2019（2）：3-8.

[16] 屈凌云，魏静静．聚焦英语学科核心素养——《普通高中英语课程标准》的解读与实施［C］//徐浩，屈凌云．北京：外语教学与研究出版社，2019.

[17] 梅德明．正确认识和理解英语课程性质和理念——基于《义务教育英语课程标准（2022年版）》的阐述［J］．教师教育学报，2022（3）：104-111.

[18] 梅德明，王蔷．新时代义务教育英语课程新发展——《义务教育英语课程标准（2022年版）》解读［J］．基础教育课程，2022（10）：19-25.

[19] 夏谷鸣．外语教师的语言观与外语教学改革——谈英语课程标准实验中的困惑之一［J］．中学文科，2003（10）：2-5.

[20] 代永强．语言观和英语教学法理论［J］．现代职业教育，2016（22）：150-151.

[21] 何佳文．语言教学与学习观：回顾与展望［J］．信阳农林学院学报，2016，26（4）：118-120，126.

[22] Larsen-Freeman D，Long M H. An Introduction to Second Language Acquisition Research［M］．London：Longman，1991.

[23] Brown H D. The Principles of Language Learning and Teaching［M］．5th ed. White Plains，NY：Pearson，2007.

[24] Richards J C，Rodgers T S. Approaches and Methods in Language Teaching［M］．2nd ed. Cambridge：Cambridge University Press，2001.

[25] Hedge T. Teaching and Learning in the Language Classroom［M］．Oxford：Oxford University Press，2000.

[26] 朱佳慧，秦杰，扈珺．新中国成立以来我国基础教育本土英语教学法述评［J］．江苏第二师范学院学报：教育科学版，2017（4）：95-100.

[27] 曹宗清，李飞．改革开放 40 年中学英语教学法的嬗变研究［J］．中小学英语教学与研究，2019（3）：19-24.

[28] 胡潇译，胡海建．英语交际教学法的教学路径与生成策略［J］．课程・教材・教法，2019（5）：121-126.

[29] 何锋，丁晓红，石小刚．核心素养导向的英语教材编写与使用——以译林版义务教育英语教材（2024 年版）为例［J］．江苏教育研究，2024（8）：29-35.

[30] 贾彤晖，胡美馨．2019 人教版高中英语教材文化内容分析及教学建议［J］．教学与管理：理论版，2022（11）：83-88.

[31] 张献臣．人教版高中英语新教材使用中出现的主要问题分析与教学建议［J］．英语学习，2020（10）：9-13.

[32] 吕文玲．基于核心素养的高中英语新教材校本化开发策略研究［J］．基础外语教育，2022（2）：39-43.

[33] 钱小芳，陈易孜，高健敏．义务教育英语新教材的分析与使用——基于生态给养理论［J］．中小学课堂教学研究，2024（12）：16-21.

[34] 吴驰．回溯与展望：我国中小学英语教材建设 70 年［J］．教育测量与评价，2019（10）：20-26.

[35] Qiang Wang，Shaoqian Luo. Shifting from Teaching the Subject to Developing Core Competencies Through the Subject：The Revised Senior Middle School English Curriculum Standards（2017 Edition）in China［C］//Gao X. Second Handbook of English Language Teaching. Cham：Springer，2019：109-134.

[36] 张金秀，贺亚丽，李静，等．核心素养导向下的中小学英语教学目标的设计和达成［J］．英语学习，2018（11）：21-31.

[37] 孙玲，徐文彬．基于单元知识结构的英语教学目标和重难点确立——以译林版六年级下册 Unit 7 为例［J］．教育研究与评论：课堂观察版，2018（3）：26-30.

[38] 陈丽虹．基于《义务教育英语课程标准（2022 年版）》的英语教学目标预设及表述

[J]. 教育与教学研究，2022，36（11）：27-37.

[39] 鲍闽芳，李小红. 初中英语听说整合课教学目标的设定与实践［J］. 英语学习，2024（3）：53-57.

[40] 张宏丽. 以核心素养为导向的英语教学目标设计［J］. 中小学外语教学（小学篇），2023（2）：1-5.

[41] 张允，范佳琦，郭玮. 中小学英语课堂教学目标的内容与表述［J］. 基础教育外语教学研究，2021（8）：18-22.

[42] 顾雪丹. 单元整体教学视域中的初中英语课时规划及目标设计——以译林版《英语》七上 Unit 6 Food and lifestyle 为例［J］. 江苏教育：中学教学版，2021（5）：16-19，31.

[43] 华莲. 英语学习活动观和 PWP 教学模式相结合的高中英语阅读教学设计探究——以 Unit 2 Reading A beginner's guide to exercise 为例［J］. 英语教师，2023，23（18）：114-118，127.

[44] 刘青. 基于"PWP"理论的初中英语阅读教学案例研究——以 Go for it 8B U4 阅读课为例［J］. 试题与研究，2022（14）：174-175.

[45] 田玲. 过程法在高中英语写作教学中的应用研究［J］. 延安职业技术学院学报，2018（2）：75-79.

[46] 石静萱. 基于元认知策略的 PWP 教学模式在高中英语听力教学中的应用［D］. 厦门：集美大学，2022.

[47] 王翀. "双减"背景下提升初中英语听力课堂效率的实践探索［J］. 中国教育学刊，2023（S2）：89-91.

[48] 李睿. 回归教材：教、学、评一体化的初中英语六要素听力教学设计［J］. 英语学习，2021（5）：21-25.

[49] 蔡雅怡，黄丽燕. 基于教、学、评一体化的英语课堂活动的设计——以 2019 年版高中英语教材为例［J］. 英语学习，2021（1）：59-63.

[50] 戴军熔. 单元整体视域下的英语课时教学设计：基本特性与实践策略［J］. 中小学英语教学与研究，2023（3）：29-35.

[51] 王春晖. 从"发音标准"到"语音可理解性"——小学英语语音教学的思考［J］. 教学月刊：小学版，2016（4）：10-13.

[52] 邹响太. 基于语言能力培养的初中英语语音教学实践与思考［J］. 江苏教育：中学教学版，2020（3）：51-54，58.

[53] 刘娇姣，李慧芳，国红延. 初中英语重音与语调表意功能教学例析［J］. 中小学课堂教学研究，2022（5）：30-34.

[54] 陈力. 中学英语语法教学的内容、原则和方法［J］. 基础教育外语教学研究，2022（2）：5-11.

[55] 徐永军，吴伟萍，丁磊. 英语学习活动观视角下的语法教学探究［J］. 教学月刊：中学版，2021（4）：44-49.

[56] 周薇，吴晓萱. 基于主题意义的初中英语语法教学设计与实践［J］. 江苏教育：中学教学版，2022（3）：40-45.

[57] 宗华．单元主题语境下的高中英语词汇教学实践［J］．中小学英语教学与研究，2020（12）：22-25，33.

[58] 梁红梅．“主题语境”框架下新高中英语教材的词汇、语法教学指引变化［J］．英语学习，2021（5）：37-42.

[59] 陈列，靳玉乐．初中课堂时间管理的问题与改进［J］．中国教育学刊，2008（4）：45-48.

[60] 朱琳．初中英语课堂教学口语纠错策略研究［J］．江苏教育：中学教学版，2022（6）：39-40.